西洋文化の鼓動と近代京都

―蘇った古都の開化伝―

志村　和次郎　著

大学教育出版

はじめに

京都はもともと海外文化を受け入れて、大きくなってきた都市である。六世紀後半、平安京には、朝鮮半島からの多くの渡来人が移り住み、土木、灌漑、養蚕、機織りなどの技術と文化が流入し、人びとの生活に大きな影響を与えた。また、わが国第一号の国宝指定を受けた弥勒菩薩像のある広隆寺、松尾大社や八坂神社などの有名な寺社もそのルーツをたどると渡来系であることがわかる。平安時代から続く時代祭で、その山鉾を飾っている装飾には中国の段通や刺繍、ペルシャの段通、フランドルのタペストリー（壁掛け）など国際色豊かなものを使っての統合美があり、文化の融合が感じられる。

そして、明治維新、京都は遷都による人口の減少や経済の沈滞がすさまじく、西陣や室町も需要減で打撃を受け、いかに京都の商工業を振興し、街を活性化するかが課題となった。その時、京都府が進めた西洋文化と西洋技術の移入による産業振興が京都再生のきっかけになった。京都には閉鎖的イメージがつきまとうが、一方で異文化を受け入れる弾力性を持っていたのである。このように、京都の為政者が欧米に目を向けることにより、文化の存続と、産業の継続が可能になったわけである。

本書では、それらの西洋文化の鼓動と伝統産業との融合により、再び京都を蘇らせた原動力に迫り、近代京都の開化プロセスを解明してみようと思う。

そして、西洋文化との接触と交流という面で、誰がリーダーシップをとり、中核となって推進したのかも重要なので、本書では精神文化と物質文化の両面から、その先駆けとなった人物を中心にして述べることにする。

何といっても最初は、京都府の三人の優れたリーダーの存在である。政治生命をかけて取り組んだのが槇村正直参事（後の第二代知事）の政治力、新たに京都府顧問になった山本覚馬の企画力、そして京都府勧業課長の明石博高の実行力、この三人の指導のもとに、西洋文化と先進技術の導入に取り組む近代化プロジェクトは推進された。

本書では近代京都を創り上げた多くの人物を登場させ、その英才と系譜を論じた。旗振り役を務めた右記三人はいうに及ばず、日本人では新島襄をはじめ、濱岡光哲、田中源太郎、大沢善助、稲畑勝太郎、北垣国道、田辺朔郎、中村栄助、島津源蔵、村井吉兵衛、浅井忠、武田五一ら歴史に残る京都在住の先人たち、そして外国人ではグリーン、デイヴィス、ワグネル、ジュリー、シドニー、ベリー、デントン、ヴォーリズ、ウォーナーら政治家、事業家、宣教師、科学者、医師、教師、建築家など、それぞれの分野で多士多才な人材である（ここには挙げていないが、もちろん、多大な貢献をした人は他にもいる）。近代京都を舞台にしたこれらの人たちの活躍に焦点をあて、その功績に迫ることによって、彼らが文化とビジネスを結びつけ、時代に合った独特の手法を見いだす能力に、いかに秀でていたかを理解するのがねらいである。

英才たちが残した精神文化とともに、一二〇〇年の歴史都市・京都の伝統文化と近代京都の西洋文化が統合された文化遺産がいかに守られてきたか、なぜ京都は太平洋戦争の爆撃被害を最小限に食い止めることができたか、さらにアメリカ人宣教師、メリー・F・デントンの功績と、いわゆる「ウォーナー伝説」の真相に迫ってみた。

さて、京都には伝統的に公家文化、職人文化、町民文化が混在して存在し、職住接近の個有の文化がある。一二〇〇年間にわたり世代を通じて伝承され、伝習されるとともに、風習・伝統にプラスして新たな価値を生み、進んだ西洋文化を吸収して発展してきた。

また近代京都のDNA（遺伝子）とも思われるが、先見力のある事業家も多く存在し、新しいテクノロジーの吸収に貪欲なところがある。まさに「和魂洋才」（日本人固有の精神をもって西洋伝来の学問・知識を取捨・活用するという考え）であり、西陣織、京友禅、清水焼、楽焼などの伝統文化が健在である。一方で、陶磁器産業のインフラから碍子製造分野などでも、優秀なハイテク企業を派生させている。

「蘇った近代京都」がモデルとなって、先端技術と伝統文化の融合が行われ、先人たちが築いた実績と教訓が、文化の継続として次代を担うリーダーたちに、お手本として受け継がれているのである。

二〇一一年七月

志村　和次郎

西洋文化の鼓動と近代京都
—蘇った古都の開化伝—

目次

西洋文化の鼓動と近代京都

―蘇った古都の開化伝―

1 第一章 西洋文化の鼓動と伝統文化の融合

京都文化に西洋文化を加える

文化とは民族や地域、社会の生活様式の全体をいう。具体的には人類がみずからの手で築き上げてきた風習・伝統・思考方法・固有の価値観などであり、それぞれの民族・地域・社会に固有の文化があり、哲学・芸術・科学・宗教などの精神的活動と所産を指す。

京都には京都固有の文化があり、一二〇〇年間にわたり世代を通じて伝承され、伝習されるとともに、風習・伝統にプラスして新たな価値を生み、進んだ文化を吸収して発展してきた。

京都文化という言葉が、さまざまな意味内容を含みながら定着したような表現をされるが、実体は必ずしも明確ではない。まず、京都文化といえば、歴史的には平安京奠都《てんと》以来、明治維新に至るまで、日本の首都として、日本文化を代表するいわば中央の文化であった。日本文化の形成には、京都文化が根幹にあるのはそのためである。長く首都であったため、中央から地方へ伝播するのは自然のなりゆきである。

そして、明治以後であっても当初は、京都は独特の伝統文化に近代西洋文化を融合して日本文化をリードする存在であった。一方で京都の郷土と民衆が育て上げた地域文化というべきものが存在するのも事実であり、その意味で京都には中央と地域のそれぞれの文化が共存しているわけである。そのためには、水資源などの自然的な条件、生活を維持、形成するための流通、商業的条件、住宅環境など生活文化の条件が、中核都市の立地条件を備えていることが重要である。加えて人びとの精神的安定を司る、神社仏閣そして祭事も必要不可欠であった。

このように、京都文化は、京都という地域文化を地方へ派生させる役割を果たしたのである。具体的には、地域の特質を検討した上で、全国の領主の居住地に小京都が建設されることになったわけである。このように京都文化は、分身を全国につくり、単なる中央でない日本文化として成長したといえそうだ。したがって日本文化を理解するためには、まず京都文化を研究し、残された文化遺産を理解し、評価しないかぎり、完全に理解することはできないといってよいだろう。

そして、明治維新以降、神社仏閣、数奇屋造、町屋といった独特な建築様式とともに、煉瓦造りの近代建築物も建てられ、伝統的な日本画に加えて西洋画も加わり、人びとの生活にも和服と洋服が入り交じり、社会生活様式にも大きな変化がもたらされた。

また、物質文化だけでなく、精神文化面でもキリスト教が持ち込まれ、西洋式の教会や学校も建てられた。このように近代京都が変革の時期であったことは、誰しも疑わない。それは、政治・経済はもちろん、社会のすべての方面にわたって、古いものから、新しいものへの転換期であって、歴史の必然性といえる。

だからといって、京都人は今までの伝統文化や、貴重な文化的遺産を捨て去ったわけではなく、保守と革新を使い分け、見事に融合させたのである。

明治維新のはじめ、京都の地は東京遷都により、市民のすべてが途方にくれ、一時は火の消えたような淋しさに陥ったことは事実である。しかし、意外に早く立ち直ることができたのは、全国に先駆けて西洋文化を取り入れ、官民一体となって努力した結果である。

渡来文化と国際性

京都はもともと海外文化を受け入れて、大きくなってきた都市である。平安奠都以前の山城盆地を開発したのは、五世紀に渡来した泰氏であった。彼らは京都盆地の西北、松尾・太秦のあたりに住居を定め、大堰川に大堰を建設し堤防を造成して、氾濫を防ぎ、盆地を農地化した。そして松尾大社において祭祀を行い、やがて広隆寺などの氏寺を建立した。その生業が農耕と養蚕、機織りを興した。

さらに、六世紀後半、平安京には、朝鮮半島からの多くの渡来人が移り住み、土木、灌漑、養蚕、機織りなどの技術と文化が流入し、人びとの生活に大きな影響を与えた。また太秦の広隆寺や松尾大社、八坂神社、伏見稲荷などの有名な寺社もそのルーツをたどると渡来系である。このような京都盆地の渡来人の分布は、盆地北部を占拠した大和岩城から移った賀茂氏、出雲地方を背景とした出雲氏などに比してはるかに大きな規模の勢力であった。

やがて山城への平安京の造営が始まるとき、これらの渡来人はその身分的向上と政治的進出を図るために、積極的に墾田を経営し、これを京城として提供して、平安京建設の基礎を作り、その高い技術は、鴨川の付け替え、堀川の運河化などにも発揮され、大いに貢献した。さらに、土木、才技、機織りなどの技術は新しい京都文化の礎になった。

そして、平安京の大内裏のあったところは秦河勝の邸宅があったところという伝承があるが、秦氏は政治の前面には出ず、あくまで裏方に徹している。

一方で桓武朝の時代は、桓武の外戚・和氏や百済王氏、坂上氏ら渡来系豪族が異例の抜擢を受け、朝廷で短期間に昇進を遂げた時代であった。また、朝鮮系渡来文化以外でも、平安時代から続く祇園祭で、その山鉾を飾っている装飾には中国の段通や刺繍、ペルシャの段通、フランドルのタペストリー（壁掛け）など国際色豊かなものが使われていて、東西文化が融合されたものである。

このように京都文化の根底には、渡来文化があり、桓武天皇をはじめ当時の指導層に、渡来文化が積極的に受け入れられ、異国的なものに対する寛容性があったのは間違いない。国際的な感覚を当時、すでに持っていた証左である。

京都の歴史遺産と京都文化

京都の伝統産業である西陣織、友禅染、京焼などの歴史を探ってみると、ルーツは江戸時代初期にあることがわかり、きわめて興味深い。というのは、この時期にこれらの伝統産業のキーワードとなる三人の天才が登場するからである。

一人目は、日本を代表する陶工、野々村仁清である。現存する仁清の作品のうち、二点が国宝指定、一九点が重要文化財の指定を受け、日本の陶工のなかでは格段に高い評価を得ている。二人目は尾形光琳である。世界的な知名度を誇る画家、いや装飾芸術家と呼んだほうがよいかもしれない。国宝三件、重要文化財一七件を誇る。そして三人目が宮崎友禅斎である。知名度では先の二人には劣るが、彼の名はブランドとなり、友禅染となって現在にまで生き続けている。

まず、野々村仁清は出身地が丹波国野々村ということ以外、正確な生没年は不詳である。ただ、仁清の記録が最初に文書に現れるのは一六四九（慶安二）年であり、活躍したのは一七世紀の中頃から後半にかけての時期と思われる。京焼の始まりは、一六二〇年代に粟田口三条通で始められた粟田口焼にある。丹波から京都にやってきた仁清は、この粟田口焼の技法も取り入れ、仁和寺の門前に御室焼を開陶した。そこで仁清は上品で優美な色絵陶器で、京焼独特の世界を焼物の上に出現させた。仁清は陶器の上に絵画を描くことで、京都の文化世界を表現した。仁清の人気は当時から高かったが、その評価は時代とともに上昇し、時代により「京焼の祖仁清」「色絵の仁清」「概略の名工仁清」など、さまざまな仁清像が形成されてきた。その仁清人気を庶民化させた功労者が、尾形光琳の弟である尾形乾山である。乾山は仁清に弟子入りしてその下で陶業を学び、最終的にその陶法を正式に伝承した陶工となった。京都の町中（二条通寺町）に店を構え、新しい店では、それをはっきりと「焼物商売」とうたい、猪口、土器皿、向付、汁次などの庶民向けの食器類を量産して庶民にも販売し、普及に努めた。

次に尾形光琳であるが、その才能に注目しよう。光琳は世界的な知名度を誇る画家であり、装飾芸術家である。仁清に匹敵する京都が生んだ工芸家の最高峰といえる。光琳は、仁清が御室を舞台に活躍していた一六五八（明暦四）年に生まれた。光琳の生家は、西陣にあったといわれている裕福な高級呉服商の「雁金屋《かりかねや》」で、光琳の祖父は、母方の叔父が本阿弥光悦であり、光悦が鷹峰に「光悦村」を造営するとともにそれに参加した文化人である。父も能楽とともに書画にも通じており、また、光琳の弟は前述した有名な陶工の尾形乾山である。このように、光琳は洗練された京都の町人文化が満ちた家庭を背景に育った。

典型的な代表作、『燕子花図屏風』（国宝・根津美術館）に見られるように、光琳の特質は、大胆な構図のなかに、芸術性とともに際立った装飾性が見られる点にある。光琳は、大画面の屏風絵のほか、蒔絵師としても優れた意匠を残しているし、弟の乾山の陶器や手相友禅の絵付けなども幅広く手がけた。

光琳が興味深いのは、個人としての芸術家というだけでなく、「琳派」という作風を確立して、継続した流れを形成した点に特徴がある。このようにユニークな光琳の絵画は、一九世紀の終わりには、フランスの美術評論家から高い評価を受け、ジャポニズムの流れに乗って、当時のアール・ヌーヴォーの芸術にも大きな影響を与えたといわれる。光琳は京都の町人文化が生み出した、傑出した芸術家であるとともに、その基本的なデザイン・意匠は現在に至るまで、京都の伝統産業のなかで受け継がれている。そして、これらは現代の西陣織や友禅染でも頻繁に活用されており、京都の伝統デザインでの一つのルーツを形成している。

次に宮崎友禅斎の出現である。宮崎友禅斎は何といっても「友禅染」に名前がしっかり残っている。宮崎友禅斎は、尾形光琳と同時代に生きた絵師で、主として扇の絵付けを行っていた。呉服屋から小袖の図案を描く仕事が入ったことをきっかけに、彼は着物の絵師に転身していった。一六八三年、柳沢吉保が進言した「贅沢禁止令」により、金紗、刺繍、総鹿の子が禁じられたこともあり、これらを使うことなく、いかにして美しい着物を作るかが当時の課題となった。そこで考案されたのが、織りではなく染めによってきれいな着物の模様をつける手法であった。この技術は、友禅斎が登場する頃には完成をみていたため、友禅斎のもとに図案の依頼が舞い込んだわけである。友禅斎は着物の分野でも傑出した実力を発揮し、そのデザインは当時の流行をとらえ、優雅さが漂う、京都でいう「はんなり」した図案で人気が沸騰した。その図案は、「雛形本」と呼ばれ残っている。今から三〇〇年以上前に友禅斎が確立した友禅染が、京都で今も生き続けていることは、友禅斎の存在がきわめて大きかったことを示している。

これに続く一八世紀の前半の時期は、仁清、光琳、友禅斎などの天才が生み出した芸術や文化が、一般庶民へと普及した時代になる。多くの友禅染の「雛形本」が発行されたことからもうかがえる。一八世紀初めの三〇年間に、現存しているだけでも二五冊にものぼる友禅染の「雛形本」が発行されており、友禅染はこのような「雛形本」とともに、庶民の間に浸透していったのである。

さらに、尾形光琳作品のユニークさは、その抜群の芸術性の高さに加えて、その一部を切り取るだけで、それがほとんどそのまま着物の柄として使える点にある。この光琳柄の特徴が、庶民へと普及していく土台を提供したのである。光琳柄が友禅の世界を通じてブーム化していく。このような傾向は着物柄に限らず、享保年間に入ると光琳のデザインは、家の欄間、団扇、風呂敷、陶器などの至るところで見られるようになった。まさに、光琳芸術の大衆化、庶民化といってもよい現象が生じたのである。

江戸時代、寛永から元禄にかけて、京都文化は成熟期を迎え、陶器、絵画、着物の世界に限らず、俳諧、仮名草子、謡曲などの出版物や、茶道、生け花、そして歌舞伎や浄瑠璃などの芸能の世界も含めた広範な文化が庶民への広がりをみせる。このことは、芸術や文化が庶民レベルへと大衆化することにより、この時代に文化が経済社会と融合し、事業として成り立つことを証明したわけである。

西陣織の台頭と隆盛

京都の代表的伝統産業といわれるものに、西陣織に代表される絹織物産業と京焼と呼ばれる陶器産業がある。

京都の絹織物の歴史は、前項の渡来文化の到来に遡る。帰化豪族の秦氏が大陸の養蚕技術や絹織物を日本に持ち込み、その拠点を京都盆地の太秦に置いたことが始まりであった。七九四（延暦一三）年には平安遷都が行われ、朝廷で使用されるたくさんの最高級の織物が求められるようになり、秦氏一族による宮廷機織り工業が花開いたのである。当時、この地域には宮廷の織物を任せられた「織部司」があり、そこで貴族も満足するような最高級の織物が織られていた。平安中期以後、官営の織部司は衰えたが、織手たちはもともといた織部町の近くにあった大舎人町に移ってみずから織物業を始めた。それらは「大舎人の綾」と呼ばれる人気ブランドになり、時代が鎌倉、室町と移っても時の権力者たちから庇護されたのである。

時代が移っても、高級手工業の中心地としての京都の地位は少しも揺らぐことはなかったが、室町時代に起きた応仁の乱によって、その京都の町は兵火に焼かれ、職人たちは堺、奈良、山口などに散らばって避難し、京都の織物業は一時崩壊してしまう。

そして、十年以上続いた戦乱の後、ようやく京都に戻った織工たちが再び集まって織物を始めた場所が、山名宗全率いる西軍が本陣を張った跡地、すなわち西陣跡だったのである。そこで職工たちは、人気ブランド「大舎人の綾」を再び復活させた。こうして西陣の名が生まれ、そこで生産される織物は「西陣織」と呼ばれるようになった。

豊臣秀吉は西陣を手厚く保護した。安土桃山時代には堺の港を通じて明の優れた技術が輸入され、西陣では新しい沙綾や紋織などが考案された。西陣織の基礎が築かれていったのである。こうして西陣織は京都だけでなく、日本を代表する絹織物の生産地となる基盤が確立されたのである。

江戸時代に入ると、諸大名や豊かな町人層を顧客として高級織物の需要は増加の一途をたどり、前述した尾形光琳とゆかりのある西陣織は大きく発展していった。

西陣の特質のもう一つは、地域共同体の意識の強いことである。糸は糸屋から買う、織りは織り手に任せる、模様は紋屋に任せばよい（今でいえば、図案屋さんである）。糸を染めるのは染め屋さんに任せたらよい。このように、非常に専業化しているので、あとはそれを組み合わせ、プロデュースする能力が織り屋になるわけである。この共同体の良否で競争力も決まる。これは現在の西陣にも通用する。一番大事なのは働き手である職人、次はデザイン、原料、色である。明治から現代の間に技術変革を遂げ、ジャガード機だとか、バッタンといわれるような機械化は進行したが、高級品で、多品種、少量生産であるという特徴は変わらなかった。

このように西陣織など、京都の産業は、一種の平和産業であるから、世の中が太平のときに一番栄えるが、太平洋戦争のときも、近世、幕末と同じく不振に陥るのである。

江戸後期になると、凶作や不況で高級呉服の需要が停滞したり、桐生、丹後・長浜などの新興産地が台頭したりして、高級織物で栄華を誇った西陣の織物産業も次第に低迷していき、かつての独占的な優位性は揺らいだのである。

京都の陶器産業

京都の伝統産業として、西陣織と並んで陶磁器産業がある。七九四（延暦一三）年に平安京になって以来、京都は都として栄えてきたが、京焼と呼ばれだしたのは室町中期の頃だといわれる。

室町以前には、朝鮮や中国から渡ってきた陶工が、それぞれの国の製陶技術を用いて作陶活動を行ってきた。それらの技術が日本の陶工へ受け継がれ、独自の進化と研究を重ねて今日の製陶技術として成熟していったのである。

京都の陶器といえば、まず清水焼のことを思い浮かべるが、この清水焼も、京焼の一つの流れである。京焼とは、広い意味では京都（山城）で営まれている窯で製造された「やきもの」のことを指しており、清水焼をはじめ、粟田口焼、音羽焼、黒谷焼、御室焼、八坂焼、桃山焼など、京都やその周辺のさまざまな地域で発展してきた。そのなかでも清水焼には、北は清水寺、南は七条、東は西野山（山科区）、西は大和大路の範囲を中心とした地域の窯が含まれる。

野々村仁清が粟田口焼の技法も取り入れ、仁和寺の門前に御室焼を開陶してブームを起こしたこと、さらに尾形乾山が焼物の大衆化にも成功したことは前述した。また京焼は、瀬戸、美濃、信楽、古九谷、古伊万里といった他の地域の流れを吸収し、日本の陶芸文化を表現した製陶技術を集大成したといえる。

明治期になり、京焼・清水焼では、一八七〇（明治三）年に酸化コバルトが輸入され、一八七六年には西洋絵の具の使用が始まり、丸窯も築かれ始めた。そして、一八八七年には国内市場だけではなく、海外輸出を狙っての工場制工業の試みとして京都陶器会社が設立された。田中源太郎、濱岡光哲、内貴甚三郎らが発起人となり、資本金二〇万円で設立された。初代社長は山添直次郎で、従業員一二五名の当時としては京都織物会社に次ぐ大工場であった。洋式技術を採用し、当初は大量生産によるアメリカ、中国への輸出を目的としたが、後に内地向生産に転換し、耐火煉瓦などの生産も手がけた。洋式技術の導入は京焼の近代化の試みとして陶磁器業界に影響を与えた。しかし、大量生産方式はそれまでの伝統と相容れず、わずか五年で幕を下ろした。

背景には京都に根強く生き延びる「職人文化」がある。それに茶道の家元に関連し、茶道十職に代表される「家元文化」がある。職人の切磋琢磨による高度な技術と美的感覚は、楽焼という独創的な焼物を生み、今も健在である。

一方で「職人文化」は伝統産業の革新をもたらし、陶器の焼物技術からセラミック、電子部品という先端技術で継続性を勝ち取り、今日、京セラ、村田製作所などのハイテク企業を生み出した。京都の職人たちは伝統の本質を理解し、改良を加え、環境変化を先回りし、小さい変革を続けながら新しい価値を生み出す技術をもっていたからである。

京都文化の内容的特徴

京都文化は、既述したように、渡来文化から始まり、王朝文化・社寺文化・町衆文化そして職人文化などの、さまざまな文化現象を重層的に内包しながら、各時代に成長を加えて新たな文化を生み出してきた。

これをさらに芸術、美術の範疇から見ると、古代彫刻、仏像文化を経て、王朝時代から室町時代にかけては絵画という形態で肖像画や仏画などが描かれたし、室町桃山時代から江戸時代にかけては、工芸が多く制作され、日常品、調度品まで及んだ。この時代には絵画もまた襖絵・屏風のような生活に密着したものが高く評価された。

京都文化の内容的特徴を、幾つか挙げてみよう。第一は、技術的水準の高さである。それは渡来文化の担い手たちの技術はもとより、西陣をはじめとする職人たちの技術は一貫して優秀であった。第二は、野々村仁清、尾形光琳に代表されるデザイン・意匠の優秀性である。これは王朝文化の影響が大きいと思うが、京都の自然的環境に起因していると考えてもよいかも知れない。それは絵画・染織・工芸さらには建築センスにまで及ぶものである。第三に宗教的特性がある。これは皇居と社寺の町にふさわしく、祭事、信仰的行事が定期的に持続し、それぞれが京都の文化的特徴となっていることである。第四には、流通特性である。これは中近世都市に見られる商品流通の流れに従って文化が拡散することであり、京都を起点にした発信力である。これは中国、朝鮮など国際交流にも及ぶものである。最後に伝統文化に加えた進取性、創造性も見逃せない。一見保守的に見える京都文化であるが、祇園祭、時代祭、葵祭、西陣織、京焼などは外に開かれたものであり、茶道、華道なども家元制度を通じて全国へと発信される独特のものである。

このように、京都文化はその歴史を重層的に踏まえながら、継承のための小さな変革を怠らなかったところに特徴がある。文化と経済活動の融合がそれを可能にしたといえそうだ。仁清や光琳などの天才が創出した京都文化の源流に、その後の職人文化を機能させて、時代や市場変化に応えながら、文化をビジネスと密接に絡ませて存続させてきたところに京都文化の最大の特徴がある。

歴史の転換点と文化財保護の動き

一八六八（明治元）年三月の神仏判然令、すなわち各神社へ神仏分離を命ずる法令によって、明治政府は、神道を国教とする政策を進めようとした。江戸時代まで続いた仏教の国教化政策を否定したのである。

いわゆる廃仏毀釈《はいぶつきしゃく》、仏教を廃し捨てるよう運動を起こしたのである。京都や奈良および各地において仏教寺院への弾圧、仏教美術への迫害が及んだ。仏像を神体としている神社は仏像を取り払うこと、本地仏、鰐口、梵鐘の取り外しなどを命じられた。京都ではまず、神祇官の置かれたお膝元であったことや維新変革を推進した国学者・神官などがいたことから、廃仏毀釈、神仏分離が徹底して行われた。さらに皇室とかかわりの強い寺院である門跡寺院や泉涌寺・東寺そして延暦寺なども例外なくその関係を断ち切られ、資金援助が断たれて疲弊した。そして、賀茂社・石清水八幡宮・伏見稲荷社・北野天満宮などの境内にあった神宮寺は廃され、また延暦寺と日吉社・祇園社との関係も断たれるのである。

一方皇室における神仏分離は、一八七一年の廃藩置県と前後する時期に行われる。宮中に安置された真言宗の仏壇であったお黒戸は泉涌寺へと移され、門跡・比丘尼御所《びくにごしょ》号は廃され、国家を護持し、天皇を守るため密教の修法である大元帥法・後七日御修法は行われなくなった。

このように神仏一体となった近世の宗教のあり方が解体され、また経済的には諸寺院を支えてきた荘園制の名残りとしての朱印地はなくなり、困窮をきたすこととなる。そのため、この時期に外国へ流失した文化財、美術品も多かったといわれる。

朝廷の「旧慣」保存と併せ、熱狂的な国学者や神官に支えられ、社会に廃仏毀釈として大きな爪痕を残した神道国教化政策は、廃藩置県が断行された一八七一年を境に終息へと向かう。しかし、京都の寺院の破壊、神社からの分離、経済的困窮・廃寺といった状況からの立ち直りは、明治期いっぱいまでかかる。ようやく、明治一〇年代に、寺院復興への政府の政策が打ち出され、立憲国家形成として、「伝統」を重視して、皇室から寺院への保護がなされるようになる。寺院の復興の契機となるのは、一八七六(明治九)年六月の泉涌寺・仁和寺・大覚寺など皇室関係寺院への定額金の援助である。

一八七八年には、明治天皇の京都行幸につき従った大隈重信・桜井能監は、延暦寺の荒廃を救うことを発表し、天台宗のみならず仏教界の歓迎を受ける。一八八一、八二年には、岩倉具視もまた、こうした寺院の復興策を最も精力的に押し進めるとともに、京都御苑の整備を核として、近世朝廷の賀茂祭・石清水放生会などの年中行事を復興し、皇室関係寺院を援助し、畿内の華族を保護することを提起した。

このように明治一〇年代になると、近世の朝廷をめぐる「旧慣」の復権がなされ、その中で寺院の復興が行われるのである。国際社会の中で一等国になるには、立憲君主国家として、独自の文化的「伝統」をもたねばならないという考えになったわけである。

さらに、明治二〇年代になると、寺院の復興に加え、新しく文化遺産・文化財保護の視点からの施策がとられる。文化遺産(文化財)は人類の文化的活動によって生み出された有形・無形の所産である。文化的所産の中でも特に、価値が高く、後世に残すべきと考えられているものを指している。

そこで、文化財保護の観点から美術行政として、寺院への援助が開始されたわけである。その中心的な担い手が、岡倉天心らを指揮した宮内省の九鬼隆一であった。九鬼は、一八八八年に発足する臨時全国宝物取調局の取調委員長になり、一八九〇年に設置された帝国京都博物館の初代総長となる。この帝国京都博物館は、京都地域の社寺の宝物を出品することを義務づけ、修復にあたった。

明治初期の廃仏毀釈のあおりを受けて、多くの仏像が壊されたり放置されたりしたままであった。そして、多くの貴重な文化財、とりわけ膨大な数の仏像が、この時期、海外に流出してしまった。ようやく、一八九七年、日本で初めて文化財を定める「古社古寺保存法」という法律ができ、これにより、日本の文化財行政が始まったわけである。初めて国宝（これは現在の重要文化財にあたる）の指定がなされた。この法律の主眼は、オリエンタリズム風情に浮かれていた欧米各国に、日本の仏像や書画が骨董品として流れていくことを阻止することにあった。

そして、日本の文化財行政がようやく始まったわけである。特に、流出や破壊と消耗の激しかった彫刻文化財、つまり仏像に関しては、美術院の第二部が担当し、新納忠之介が責任者としてこの修理を請け負った。その新納忠之介の弟子になって仏像修理の勉強をしたのがラングドン・ウォーナーである。後述するが、古都の貴重な文化財・美術品のリスト、いわゆるウォーナー・リストを作った人物である。

伝統文化を守った文化人である事業家

京都人の革新性を支える精神的背景は近代的合理主義であった。それは、日本に西洋文化を取り入れて近代産業を振興させると同時に、伝統文化を愛好し、大事にするということである。

一部の華族、事業家らの有力者たちは、東京遷都によって、東京に重点を移したものの、風光明媚な京都を懐古し、別荘を京都に造ったり、光琳会という茶会を京都で開いたりして、東京と京都を往来した。古美術を愛好、蒐集した益田孝（鈍翁・三井物産の創立者）ら近代の数寄者たちである。

欧化主義、近代主義であったからといって、数寄者たちは西洋文化そのものを近代化とは考えていなかった。一方の足を日本古来の伝統文化に傾注したわけである。その点では驚くべき保守主義に徹していたともいえる。文化財の海外流出という危機を前にして、いかに日本の伝統文化を守るかということも、彼らの美術蒐集の動機の一つであったことは確かである。一九二六（大正一五）年に設立され、実質的には最も日本で古い美術館である藤井有鄰館の創設者である実業家・**藤井善助**は、開館に際し、「一国文明の象徴にして文化の尺度である美術品が欧米に流出するのを防ぐためである。美術の人心に及ぼす影響大なるを考え、公衆に公開して人心を美化し、美術の学術研究に資するためである」と有鄰館開設に踏み切った目的を述べている。

また、古美術の蒐集では、住友財閥の住友春翠（一八六四〜一九二六）のコレクションを中心に創設された泉屋博古館や、野村財閥創業者の野村徳七の碧南荘の別荘、野村美術館がある。彼ら近代の数寄者は、理屈とか義務とかという観念ではなく、感覚的に日本の美、美術品を評価していたのである。文化財、美術品を保護し、蒐集している間に、愛着が増し、保守主義者になったといえるかも知れない。また明治維新以後、近代の数寄者は個性的な美術コレクターとして、一時衰退していた茶の湯を新しい視点で再興した立役者としても日本近代文化史の上で重要な役割を果たしたといえる。

数寄者たちは茶の湯を趣味として近代的な国民の教養に変貌させることに成功した。近代の数寄者の生き方を見ていると、ほぼ例外なく欧米化の波に身を投じ、伝統破壊者といわれてもいたしかたがない生き方をしている。いや和と洋の二つの原理を生きることは近代日本の宿命だったのである。

その意味でいえば、数寄者たちは、西洋文化を受け入れるとともに、伝統的な美術工芸品をそれ以上に評価するという二重の近代化を成し遂げたことになる。

また内貴清兵衛は、初代京都市長を務めた内貴甚三郎の長男に生まれ、生家は関東織物京染呉服問屋「銭清」で三代目にあたり、事業活動でも成功した経済人でもある。美術の眼識や遊びの世界では一流で名が通っていた。その傍ら「重要美術品・道成寺縁起絵巻」「重要美術品・春日曼荼羅」などの飛鳥、藤原、天平の仏教美術をはじめ、東山の蒔絵、浮世絵や古陶磁を好んで蒐集していた。

内貴は美術品の蒐集だけには飽きたらず、才能ある貧しい芸術家の面倒を見るようになっていた。速水御舟、榊原紫峰、村上華岳、小茂田青樹、土田麦僊などは、内貴清兵衛が支援した画家たちである。北大路魯山人も内貴に育てられた一人である。

藤井善助（一八七三〜一九四三）
滋賀県五箇荘町出身。近江商人の流れをくむ実業家。上海にある後の東亜同文書院で学び、貿易商としての素養を身につけ、帰国後、繊維産業では日本絹織、東洋紡の社長、重役を務め、一九〇五（明治三八）年、北川興平と共同で、資本金四〇万円の江商合資会社を創設した。三三歳で、衆議院議員を三期務めた。

京都に築かれた洋画壇

日本画は日本文化の発達とともにさまざまな発展を遂げてきた。江戸時代の風俗を表した浮世絵、日本の四季の素晴らしさを花々と鳥たちで表現した花鳥画、日本画からは、日本人のその時代時代の風俗や心情が見てとれる。近代に至り、「日本画」という言葉が使われる契機となったのは、一八八二年に**アーネスト・F・フェノロサ**が行った「美術真説」という講演である。この講演でフェノロサは、「油絵」と「日本画」を明確に対比させ、「油絵」よりも「日本画」の方が優れていることを説いた。西洋文化偏重の中で、伝統画の価値がほかならぬ外国人によって称揚されたのである。フェノロサ・岡倉天心らの活躍によって、伝統画とも違う新しい日本画が生まれていくことになる。お雇い外国人ワグネルの建言でウィーン万博の出品の中心にすえられた陶磁器・七宝・漆器などの伝統工芸品が、諸外国の高い評価を得て輸出に結びついた。しかし同時に浮世絵も西洋諸国に影響を与え、貴重な文化財の流失にもつながった。

京都画壇は、先人が築いた伝統的画派の上に西洋画の手法を取り入れるなど、時代を超えた日本画の革新を目指した点で注目される。京都画壇の中心である**竹内栖鳳**は一九〇〇年のヨーロッパ勉学視察で、イギリスのロマン主義画家、ウィリアム・ターナー、フランスの印象派画家、カミーユ・コローなどから強い影響を受けた。一八八七年に設立された京都府画学校において、京都の若手画家の先鋭たちを育てた。

一方、近代日本の洋画は一八六一年頃、京都の**田村宗立**と江戸幕府蕃所画学局の川上冬崖により、研究、創作が始まった。華やかな伝統をもった伝統絵画の京都の地での洋画研究はハンディを強いられたが、純粋に芸術として真物の絵の完成に取り組み、洋画へと傾斜していった。やがて、京都に**浅井忠**が洋画研究の聖護院洋画研究所を開設すると、彼らは招かれて指導にあたった。浅井は日本における洋画の黎明期での田村の役割を高く評価した一人であった。田村は第一回内国勧業博覧会に油彩画「下加茂図」を出品、以来内国勧業博や京都博覧会にたびたび出品した。

浅井　忠

一八九八年七月、東京美術学校教授に任命された浅井忠は、一年七カ月後の一九〇〇年二月には、文部省からパリ万国博覧会視察と西洋画研究のため二年間のフランス留学を命じられ、渡仏した。すでに四〇歳代半ばとなっていた浅井は、印象派の絵画や、当時パリで隆盛を極めていたアール・ヌーヴォー運動に共鳴するとともに、パリ郊外のグレーやフォンテンブローに滞在して、詩情あふれる水彩画や油彩画を作品として残した。

一九〇二（明治三五）年に帰国した浅井忠は、新設の京都高等工芸学校（現在の京都工芸繊維大学）教授に就任するため、一家を挙げて京都に移住した。浅井忠が京都で活動したのは明治三五年から四〇年のわずか五年と三カ月であったが、京都に残した功績は計り知れないものがある。

彼が赴任した京都高等工芸学校は、「工業技芸を教授し教師又は技術員を養成せんとする学校」を目標とし、機織科、染色科、図案科の三学科を備えて一九〇二年九月一〇日に開校した。浅井忠と武田五一によってヨーロッパで蒐集された図書や標本が用意されていた。浅井はさらに一九〇三年に聖護院洋画研究所（一九〇六年には関西美術院に発展）を開設して後進の指導に情熱を注ぎながら、京阪の洋画家を中心に結成された関西美術会を通じて、京都の洋画壇の活性化と発展に尽力する一方、みずからも図案や工芸の制作に精力的に取り組み、当時の京都の工芸界に影響を与えた。

浅井を慕って次々と京都へと移った東京の若き画家たち（鹿子木孟郎、都鳥英喜、霜鳥之彦）を加え、関西美術院は関西最大の洋画研究所となった。さらに、浅井に対する京都の若い画家の期待と信頼も高く、たちまち多数の作家が集まったため、聖護院洋画研究所（後の関西美術院）を開いた。指導者には田村宗立と伊藤快彦を置き、学生には梅原龍三郎、安井曾太郎、須田国太郎、津田青楓、里見勝蔵らを輩出し、のちの日本洋画界を担う逸材を育てた。京都は日本的な洋画の発展のメッカとなっていった。関西美術院は中沢岩太を顧問に、浅井が院長に就任し、教授として鹿子木孟郎、伊藤快彦、都鳥英喜が指導にあたった。鹿子木は開院に先立ち渡欧していたので、実際の指導は浅井一人があたったといわれる。この時、新たに入門した研究生に田中喜作、津田青楓、寺松国太郎らがいる。

浅井の京都での五年三カ月は最も充実した時期であった。目指したものは洋画の社会的認知であった。そのため水彩画の普及にも努めた。さらに、すでに社会に受け入れられている工芸品、すなわち陶器、漆器、織物などの図案の革新も目指した。

また、浅井は、ヨーロッパで見たアール・ヌーヴォーや日本の伝統的文様、または琳派などを取り入れながら独自の絵画的図案を創作した。陶芸図案の研究団体・遊陶園、漆芸図案の研究団体・京漆園の結成などの活動を通じて、伝統にとらわれない図案の革新を目指した。さらに、多芸な京都時代には、数は少ないものの、土をひねって表情豊かで洒脱な彫刻も制作した。

浅井忠は、画家としてだけではなく、フランス留学前の東京（私塾の根岸倶楽部や東京美術学校など）と帰国後の京都（京都高等工芸学校や聖護院洋画研究所、関西美術院など）で、数多くの若き画家たちを育て、教育者としても大きな功績を残した。また、正岡子規にも西洋画を教えており、夏目漱石の小説『三四郎』の中に登場する深見画伯のモデルともいわれる。

アーネスト・F・フェノロサ（一八五三〜一九〇八）
アメリカ合衆国の哲学者、東洋美術史家。ハーバード大学で哲学を学び、首席で卒業。一時、ボストン美術館付属の絵画学校で油絵も学んだ。一八七八（明治一一）年にお雇い外国人として来日した。東京大学で政治学、哲学、理財学を講義する。来日後まもなくから日本美術の蒐集と研究を始め、弟子の岡倉天心とともに美術学校を創設。日本美術を評価し、紹介に努めた。後にボストン美術館東洋部長を務めた。

竹内栖鳳（一八六四〜一九四二）
京都に生まれる。土田英林に学び、一八八一年から四条派の幸野楳嶺に師事する。四条派の手法に古画風を交えた作品によって、多くの共進会や内外の博覧会で受賞を重ねた。一八九五年には京都市美術工芸学校教諭となる。一九〇〇から翌年にかけて渡欧。帰国後はターナーやコローの手法を取り入れ、清新な画風を開いた。帝室技芸員、帝国美術院会員となり、一九三七年に第一回文化勲章を受ける。門下からは上村松園、西村五雲、西山翠嶂、土田麦僊、小野竹喬、徳岡神泉らが輩出している。

田村宗立（一八四六〜一九一八）
京都府園部町に生まれ、三歳で初めて絵筆を持ち、一〇歳の頃、南画を学ぶが、やがて立体感を生む陰影描写に興味を持って洋画に近づいた。一八七一年粟田口療病院の通訳兼画家として雇われた時に、ドイツ人医師ランケックから油絵の手ほどきを受けた。一八七三年横浜に住む絵入りロンドン・ニュース社の画報通信員ワーグマンを訪ね、技術や画材の研究をする。一八八一年、京都府画学校が創設されると教員として指導にあたり、自宅にも画塾を開いて後継者の育成にも努めた。

浅井忠（一八五六〜一九〇七）

佐倉藩（現在の千葉県佐倉市）の出身。藩の要職を務める浅井常明の長男として生まれる。佐倉藩の藩校・成徳書院で四書五経などの儒教や武芸を学ぶ傍ら、一三歳の頃から佐倉藩の南画家・黒沼槐山に花鳥画を学んだ。一八七五年に彰技堂で国沢新九郎に師事し、翌明治九年、工部美術学校に第一期生として入学した。そして、西洋画を学び、アントニオ・フォンタネージの薫陶を受けた。一八九八年東京美術学校教授に就任。一九〇〇年にフランスに二年間留学。帰国後京都高等工芸学校教授に就任し、関西美術院を創立。安井曾太郎、梅原龍三郎らを育てた。

第二章　こうして京都の近代化は始まった

西洋文化と近代京都のめざめ

近代日本における第一の開国は徳川幕府の崩壊による明治維新の一八六八（明治元）年で、第二の開国は太平洋戦争の敗戦により天皇制が崩壊した（主権在民となった）、一九四五年であるといってよいだろう。

日本の歴史を見るとき、大きく時代が変わるきっかけをつくったのは古くは大化改新、建武中興、戦国時代が終わって一七世紀初めの大変動もあったが、長い鎖国時代に終止符を打ち、国家の体制と文明のあり方が国民全体を巻き込んで同時に変容した明治維新は、時代の区切りとして、画期的であった。

そして次に必要になってきたのは、欧米諸国と文化、生活レベルを同じ水準にすることであった。そのため、積極的に西洋の文明、近代思想や高度な技術などを導入しようと、西洋化促進策がとられることになる。これが、明治初期の新しい風潮となり、東京、京都、大阪をはじめ大都市では庶民の生活にも大きな変化が見られるようになった。人びとは、着物から洋服へ着替え、チョンマゲをやめて文明開化の象徴とも言えるザンギリ頭が流行した。レンガ造りのモダンな西洋建築、ガス燈、人力車、鉄道馬車がお目見えした。このような生活様式の変化によって、今までまったく見たこともない「世界」が突然現れたので、その驚きと戸惑いから、日本人は強烈な文化的ショックを受けた。

さて、京都文化については前章で触れたが、文化とは民族や地域、社会の生活様式の全体をいう。つまり、人類がみずからの手で築き上げてきた風習・伝統・思考方法・固有の価値観などをいうのだが、それぞれの民族・地域・社会に固有の文化があり、哲学・芸術・科学・宗教などの精神的活動と所産を指すわけである。京都には京都個有の文化があり、一二〇〇年間にわたり世代を通じて伝承され、学習によって伝習されるとともに、風習・伝統にプラスして新たな価値を生み、進んだ文化を吸収して発展してきた。

文明とは物質的所産をいい、文化とは区別される。文明は時代・地域ともに限定され、人間の知恵が進み、経済・技術が進歩することに重きを置き、物質的所産に重点がある。「西洋文化」とは古代から現代に至るヨーロッパ文化を指すが、広くアメリカ文化も含めて論じられることが多い。「西洋文明」は欧米での技術・機械の発達や建築物など、社会制度の整備などによる経済的・物質的文化を指すのである。

京都は伝統的に公家文化、職人文化、町民文化が混在していたうえに商人文化も発達し、知識レベルは高い水準にあった。そして明治という新しい時代を迎える準備はある程度できていた。

そんななかで幕藩体制が崩壊し、士農工商が一定の身分層として固定した封建社会が終わりを告げ、一方で京都は都でなくなるという一大変化が到来したのである。政治、経済、社会が変革するなかで、京都文化がどう育ち、新時代に対応していったか。明治維新、京都は全国に先駆けて、西洋文化・文明を取り入れ、近代産業、教育、医療分野などで走り出すのである。

再生をかけた西洋文明の受け入れ

京都は長い間、日本の都として固有の文化をもち続けただけでなく、日本の工業の中心であった。西陣が日本の綿織物工業の中心地であったことでもうなずける。しかしその京都の地位も、明治維新後大きく揺らいだ。第一には、京都が西洋の先進文明を取り込んで新たに興る近代工業の中心になるための地理的条件を備えていなかったからである。第二には、東京遷都の結果、人口減少など京都の都市機能の衰微が予測されたからである。

つまり、東京遷都および西洋文明の到来というダブルショックを受けることになった。そこで近代京都の復興は、維新後の京都市民の悲願となった。当時の日本において、石炭や銅やお茶といった原材料、ないしは生糸のような半製品ではなく、製品を輸出して外貨を獲得することのできる産業の多くが京都にあったのは事実である。その意味でも、日本全体の目から見ても、京都の近代化への取り組みは重要であった。

そこで、重要になってきたのは京都復興のための殖産興業政策の推進である。その推進役を務めたのが明治の初めから京都府に出仕し、一八七七（明治一〇）年から一八八一（明治一四）年にかけて二代目京都府知事を務めた、生野事件の生き残りである、長州出身の**槇村正直**である。槇村のもとで、当時の京都の政財界に君臨した元会津藩家老・**山本覚馬**が京都府顧問に迎えられ、舎密局（化学実験場）等の工場、小学校や女紅場（女子教育機関）などの近代化のインフラづくりが始まったのである。

そして、槇村正直や山本覚馬らの先覚者の舵取りも重要だったが、何よりも京都市民が進取の精神に満ちていたことが幸いした。一般に京都人は、新しいことをやることが好きな市民性もあるのは前述した通りである。その一例が、一八七一年に、日本で初めて開かれた京都博覧会である。「宇宙ノ広キ、古今ノ遠キ、器機珍品ソノ数幾何ナルヲ知ラズ」という宣伝で、京都博覧会は多くの入場者を集め、大成功を収めた。京都博覧会は、首都が東京に移ったことによって生まれた京都の危機感の表れであったといわれる。博覧会を催すことで、沈滞気味の京都に活を入れようというわけである。博覧会の催しものとして、祇園の舞妓による舞踏が公演された。それが、その後恒例行事として今日まで続いている「都おどり」の起源である。また、博覧会のメインイベントとして、島津源蔵が京都仙洞御所の広場で大軽気球を有人で三六メートルの高さにまで揚げるのに成功したのである。大変な前人気で、四万八〇〇〇枚の観覧券が売り切れたという。槇村知事が見ている前での快挙で、見上げる島津源蔵の顔には、大任を果たした、さわやかな涙と笑みが浮かんでいた。わが国で初めての快挙であり、京都府民の科学思想啓発を目指した大きなアドバルーンとして効果絶大であった。

この二つの例のように、京都の指導者層と先覚者たちは伝統文化に加えて西洋文化をいかに早く、確実に吸収するかを知っていたといえる。そして京都の先進性、革新性は生き続けている。ノーベル賞の受賞者が多いことや、先端技術のゲーム機、電子部品の開発などがその証左である。

また、現在でも京都には、比較的起業家精神をもった企業が多く、任天堂・京セラ・オムロン・ローム・村田製作所・堀場製作所・島津製作所・日本電産そのほかにも、元気のよい中小企業も数多くある。なぜ、京都に先進的な企業、起業家が育つのか。その答えは先進的気風をもったＤＮＡ（遺伝子）に支えられた組織文化にある。陶磁器や西陣織、伝統工芸など一二〇〇年の歴史と伝統がＤＮＡとなって生きているからである。とにかく独創性の追求に優れていたからである。京都企業の真髄として、明治の近代化で、西洋文化や技術を受け入れた先進性と伝統技術がうまく絡み合って、独自の新たな製品と価値を生み出す根源となったのは間違いない。

槇村正直（一八三四〜一八九六）
長州藩士・羽仁正純の二男として生まれる。槇村満久の養子となる。藩祐筆役を経て、一八六八（明治元）年、議政官史官試補となる。同年、京都府に出仕。権大参事、大参事、参事などを歴任。一八七五年七月、京都府知事となり、東京奠都後の京都復興に尽力した。元老院議官を経て初代の行政裁判所長官となる。

山本覚馬（一八二八〜一八九二）
会津藩士山本権八の長男。日新館に学び文武兵学を習得、後に江戸へ出て佐久間象山、勝海舟と親交を結ぶ。蘭学、洋式砲術を研究し、会津藩蘭学所を設置し、会津軍の近代化を進める。禁門の変では砲兵隊の指揮を執ったが、鳥羽・伏見の戦いで捕らえられ、薩摩屋敷に幽閉される。失明と脊髄を損傷しながらも、口述筆記の建白書「管見」が認められ、一八六九年釈放され、京都府顧問、府会議長や京都商工会議所会頭として活躍した。新島襄と同志社創立に関わる。

京都の英学事始

近代京都の改革は京都府顧問となった山本覚馬に負うところが大きい。すでに山本覚馬は視力を失っていたが、薩摩藩に幽閉されていた当時、口述筆記させてまとめた「管見」と題する建白書を明治新政府に差し出した。これは、あるべき日本の諸制度の大綱を記した近代国家の青写真といえるものである。この「管見」が京都府顧問として、山本が構想した新しい都市づくりに生かされ、具体化されていく。よくも悪くも行動力のある長州出身の剛腕参事、槇村正直とうまく呼吸を合わせ、山本覚馬は陰の軍師に徹して京都の近代化を進めることになる。

槇村は京都の近代化、西洋化の推進と繁栄策として、「殖産興業」のために外国人を雇い入れて、いろいろな事業を起こした。そして、山本の主張である「人材育成こそ近代国家建設のかなめである」という考えを入れ、いち早く教育事業に取り組んだ。一八七〇～七二年の間に「欧学舎」という府立の外国語学校を設立した。まず、土木技師であったドイツ人のルドルフ・レーマンを雇って、ドイツ語と英語を教えた。次に英語を学ぶ生徒数が増加したので、一八七一年に英学校を設けて、アメリカ人のチャールズ・ボールドウィンという海軍士官出身の人物を英語教師に雇い入れた。さらにレオン・ジュリー夫妻を招いてフランス語学校を開校した。のちにこれらの外国語学校は欧学舎として統合された。

さて、山本覚馬は、いくら制度を整えて欧米の進んだ知識や技術を取り入れても、人間形成の基礎となる心の教育がぬけていると考え、武士道を超える新たな精神文化を模索していた。このような時にアメリカン・ボードのオランメル・ギューリックやJ・C・ベリーとの出会いがあり、キリスト教を理解するきっかけになった。三年後、勝海舟の紹介で新島襄と会うことによって、心の響き合うものを感じ、キリスト教の「愛」と「真理」の教えは、儒教五倫（君臣の義、父子の親、夫婦の別、長幼の序、朋友の信）の上をいくと確信するに至る。そして山本覚馬の全面的な協力と支援を受けた新島襄は、同志社英学校を創設し、英学が継承されることになる。

しかし同志社英学校の開設までには、キリスト教主義に反対する仏教寺院などの圧力もあり、槇村参事との交渉は難航した。この問題では山本覚馬の強力な後押しがあり、最終的に「学内では聖書を教えない」という誓約書を入れることで決着した。槇村知事としては、みずからが誘致した京都慶應義塾の閉鎖が意志を鈍らせた要因とも考えられる。

一方、仏教界でも、西洋化の影響で新たに入って来たキリスト教に対して、信者を護教するという意味もあり、東本願寺は一八七三（明治六）年「翻訳局」を設置して、東京から成島柳北など英学者を招聘してキリスト教書を邦訳したり、インドなどの公用語であるサンスクリット語の翻訳をしたりした。この「翻訳局」は、キリスト教文献約三〇種の翻訳を未刊の原稿のまま残して、一八七八年閉鎖になった。しかし、翻訳局では翻訳員の舟橋振という英学者が中心に英語教育は続けられた。新島襄がキリスト教主義の同志社英学校を山本覚馬の協力を得て創立したのは、「翻訳局」に少し後れた一八七五年一一月のことであった。

同志社英学校は、開校当初は教師にはアメリカ人宣教師、J・D・デイヴィス一人だけで、生徒はわずかに八名であり、従来の漢学塾とあまり変わりのない私塾規模でのスタートであった。

これまで述べたように、明治初期、京都の英語教育のルーツは、「京都府英学校」「翻訳局」「同志社英学校」の三つの流れがあったわけである。しかし、このなかでも、最も出発の遅かった同志社が今日まで最も長く命脈を保ち、総合大学に発展した。

J・D・デイヴィス（一八三八〜一九一〇）

米国ニューヨーク州生まれ。ビロイト大学在学中、南北戦争に従軍、陸軍中佐に昇進。復学し同大学を卒業後、シカゴ神学校に学び、牧師となる。アメリカン・ボード派遣の宣教師として一八七一年来日、神戸から京都に転じ、新島と二人で同志社英学校、初の教員となる。同志社初期の貢献者。

京都府の教育近代化事業

京都における教育近代化事業は、後述する集書院の開設を含んだ中等教育政策と密接不可分の関係にある。槙村、山本らは、勧業諸策に取り組むとともに、新しい時代の京都を担っていく人材の育成をもくろんで、全国に先駆けて一八六九年早々から、諸学校の創建に着手した。日本で最初に小学校ができたのも京都で、一八六九年五月二一日、今の柳池小学校（上京第二七番組小学校）ができたのを皮切りに、一二月までに市内に五一の小学校が開設された。これら番組小学校は、児童のための教育の場であるだけではなく、府民の日常生活に密着した多種多様な機能と役割を持たせた、地域の行政・自治・教育・文化・保健センターとでもいうべき施設である。場所、時期によって各種機能に増減はあるが、主なものとして次のような機能がある。

・戸籍・徴税などを扱う町役場
・府から府民へ布告を伝達する出張所

・町組が衆議を行う会所
・府民に種痘を実施し、薬剤を配布する保健所
・警察隊の屯所。
・望火楼を備えた消防署
・郵便切手を販売する郵便局
・成人を対象とした教諭所

各小学校の運営・維持は、新政府からの下賜金や、就学児童の有無や貧富の差にかかわらず、各戸に一律割り当てられる負担金（半年に一分）で運営された。府内での小学校教育の普及は著しく、年を追うごとに学校数・児童数も増加の一途をたどった。ちなみに一八七一（明治四）年段階では六四校にすぎなかったものが、一八七七年には四七〇校、同じく二万五〇八二人だった児童数は、六万一〇一二人へと急増した。

また、京都には中学校も日本で最初に設けられた。一八七〇年一二月、（京都）府中学（校）として建てられ、翌年一月開業式を行った。後に府立第一中学校から新制・洛北高校になる。明治一〇年には、明治天皇が臨幸し、授業を参観している。

最初の英語講師はアメリカ人、チャールズ・ボールドウィンで、一人で何もかも教え、明治二〇年代の中頃まで二十年余り在職して、京都の初期英語教育に功労があった。

このように、京都は教育分野でも全国の先頭に立って西洋文化を取り入れるとともに、全国に先駆けて知識水準の向上に努めた。

福澤諭吉による京都教育文化への影響

福澤諭吉が日本の近代文化、教育振興に大きな影響を与えたことは論を俟たないが、小中学校教育の先駆けとなった京都でも、その教科書は、福澤諭吉、あるいは慶應義塾の小幡篤次郎または桧山棟庵らの著書あるいは訳書が使用された。常時使用された教科書の大部分は慶應義塾関係のものであった。主なものを挙げてみよう（※京都小学五十年史参照）。

- 世界国尽　六冊　明治二年　福澤諭吉訳
- 訓蒙窮理図解　三冊　明治六年　慶應義塾社　福澤諭吉編輯
- 地学事始　三冊　明治三年冬季　慶應義塾社　松山棟庵記述
- 生産道案内　二冊　明治三年　慶應義塾社　小幡篤次郎述
- 西洋事情　四冊　慶応四年　福澤諭吉原輯
- 博物新編補遺　三冊　明治七年　小幡篤次郎記述
- 学問のすゝめ　一冊　明治四年　福澤諭吉　著　小幡篤次郎

一八七二（明治五）年に、福澤はみずから門下の早矢仕有的を同道し、京都に建てられた小学校を視察した。その時、京都の旅館「松吉旅館」で書かれた「京都学校の記」が残されている。

もともと福澤は小学校教育と師範教育の必要を早くから唱えていて、慶應義塾にも幼稚舎の名でいち早く小学校を設けたのも、幼年児童の教育の模範を示したものであった。また師範教育でも、文部省が一八七二年に東京に官立の師範学校を設け、次いで一八七三年に大阪、宮城、一八七四年に愛知、新潟、長崎、広島にも増設されたが、その教員は主として慶應義塾から派遣された。

京都では山本覚馬が福澤と同様に先進的な考えをもって、小学校は一八六九年にすでに開設されていた。今の柳馬場御地の柳地校である。山本は福澤とは以前から面識があり、福澤と交わされた文書も残っている。また、明六社で福澤と同じメンバーである西周とも親しく、西洋文化の先導者として、親交があった。

さて福澤諭吉の書いた「京都学校の記」にある社友、早矢仕氏とあるのは丸屋商社の社長である。福澤の起業論を聞いて商売を志し、早くから横浜に店を開き、洋薬および洋書の輸入販売から丸屋商社を一八六九年正月に創立した（現在の丸善のルーツである）。支店を各地に開き、当時京都には二条富小路にあった。早矢仕が福澤と同道したのは学校への教科書販売並びに教科書貸与に大きな関心があったからである。

当時、各種の学校が開設された時に課題となったのは、必要な教科書を調達することであった。書籍が高価な上に、専門書や洋書となると品揃えもままならないし、児童・生徒全員が教科ごとに購入することは現実には不可能なことであった。

学校側は、教科書を廉価（月額で書籍価格の五〇分の一程度）で貸与する方法を採用したり、市中の書林（書店）が学校に代わって教科書を貸与することを請け負った。こうして丸屋など書林にとっては、学校という新たな得意先を得て、学校用図書の出版・取次・販売・貸与を一手に引き受け始め、近代的書籍商へと脱皮した。

福澤の書いた「京都学校の記」を読むと、当時の学校の様子が臨場感をもって伝わってくる。京都の先進性に驚くとともに、教科書貸与制度や集書院（図書館）への提言につながったという点では注目に価する。

福澤諭吉（一八三四～一九〇一）
明治の先覚者、慶應義塾の創立者・中津藩士百助の第二子として、大阪で出生。緒方洪庵に蘭学を学ぶ。一八六〇～一八六七年にかけて幕府の遣欧米使節に三度参加し、『西洋事情』等の著作を通じて欧米文化を紹介した。一八五八（安政五）年に慶應義塾を創設。『学問のすゝめ』（一八七二）、『文明論之概略』（一八七五）「福翁自伝」など、多数の著作がある。

京都慶應義塾の設立

新しいことをやることが好きな市民性が幸いし、市民の教育熱は高まった。そして、槇村正直参事は当時、東京で英学、実学の高等教育で実績のあった慶應義塾に白羽の矢を立て、福澤諭吉に要請して京都に誘致し、京都慶應義塾が開設されることになった。

福澤諭吉は**荘田平五郎**の卓抜した識見と才能を認め、義塾分校設立のために大阪、京都に派遣することにした。こうして一八七四（明治七）年二月、京都慶應義塾は開設された。また、この学校は私立学校ながら、無償、無期限という優遇条件で京都府庁内に設置された。荘田はそこで「学問と算盤（そろばん）の両刀使い」ぶりを十分に発揮し、大阪分校とかけもちで、福澤の期待に応えたのである。

開学後、三月から実学で早々に講義が行われたのは『帳合之法《ちょうあいのほう》』つまり簿記であった。教科書としては『帳合之法』（四巻。福澤諭吉訳、H. B. Bryant, H. D. Stratto 共著）が利用された。この教科書は名実ともに、日本で最初に出版された西洋式簿記書（複式簿記）であり、慶應義塾出版局より、初編が一八七三年六月、二編が翌年六月に出版され、全国で五〇万部以上販売されたといわれている。福澤と荘田は塾使用の教科書を地方に普及させるために、慶應義塾の地方分校（大阪、京都、徳島）の開設にも前向きだったといわれている。

ところで、京都慶應義塾が置かれたのは京都市のほぼ真ん中、上京区下立売通新町西入ル藪ノ内町で、現在京都府庁がある場所である。往年の京都守護職の屋敷跡にあたり、門を入ってすぐ右のところにそのことを示す小さな石碑があり、これと相対する左手の、守衛所の陰になる奥まったところに記念碑が残っている。青銅板の碑誌には次のように書かれている。

「此所は明治七年京都慶應義塾の在りたる故跡なり。当時の京都府知事槇村正直の希望に依り福澤諭吉先生之を設立し、其高弟荘田平五郎専ら経営の任に当り他の講師等と共に英学を教授したり。其の存続は約一年間に止まりしも、文化発達の歴史上之を堙滅に帰せしむるに忍びず、乃ち碑を建てて其地点を表示するものなり」。

京都慶應義塾の記念碑

日付は「昭和七年十一月廿七日」で、「京都慶應倶楽部建立」とある。この記念碑の立てられた一九三二年はちょうど慶應義塾の創立七五年にあたる。

この碑文からもわかるが、京都慶應義塾が存続したのはたった一年であった。当初は学科には英書、洋算、訳書の三つの科が設けられ、岩田審、矢部善蔵が講師として加わったが、もっぱら生徒が集まったのは校長の荘田平五郎が直接教えた洋算、すなわち西洋式簿記の教育であった。槇村なども失望したといわれるが、京都の商人や学徒に簿記を教えたことは画期的であり、それなりに京都商人の近代化に貢献したと考えてよい。塾生の丹羽圭介は荘田とともに、東京の慶應義塾へ移り、立派な成績で卒業した。丹羽はその後帰京して、山本覚馬が起案した京都市勧業課の初代課長となり、陶磁器試験場を創設して産業振興に貢献した。また、大阪の塾長で京都でも教えていた坪井仙次郎は後に京都師範の校長になり、これまた京都の教育界で活躍した。

なお、京都慶應義塾の入学要項、諸規則などは本校に準じているが、分校としての特殊事情も考慮されていた。

荘田平五郎（一八四七〜一九二二）

一八四八（嘉永元）年、荘田充命の長男として大分県臼杵市に生まれる。慶応三年、藩命により江戸の「青地信敬塾」で英語を学ぶ。一八六九年、二四歳で慶應義塾に入塾。一八九四〜一九一〇年まで三菱合資本社の支配人になり、また東京海上、明治生命の会長をはじめ、傍系企業の役員を多数兼任した。三菱の最初の近代的専門経営者であった。

公共図書館（集書院）の開設

わが国に近代図書館の概念を最初に植えつけたのが、福澤諭吉の『西洋事情』であった。したがって、集書院も福澤の西洋文明の紹介による一産物であるといえる。

民間人の試みに呼応するかのように、府も公共図書館開設へ向けて模索を始めていた。京都府立図書館編『京都府立京都図書館一覧』には、「明治五年の初め公共図書館開設の府議あり」とある。当時の府会議長、山本覚馬の伝記でも、「集書院を起こすことは明治五年正月に府ですでに話があった」と述べられている。そして、府庁内においても大黒屋・村上らを中心に、集書会社設立申請書が起案され、本格的に府の社会教育事業として具体化していった。そして最初の集書院の案が、お雇い米国人教師ボールドウィンによって公開された。その内容は、一八七二年三月発行の「京都新聞」には次のように書かれている。

「必要ニシテ人心ヲ快楽セシムヘキ書類ノリフラリーレ（人ニ自由ニ読書セシムル書籍会社）亦緊要ノ一挙也。此等ノ書皆翻訳スヘシ。且印刻スヘシ。故ニ諸人之ヲ買得スヘシ。此ノ如クシテ京都ノ人民ニ必要ノ智識ヲ開クヘシ。理学器械ノ局ヲ設ケ、価廉ナル蒸気器械ノ雛形、其佗ノ器械ヲ買得ベクハ、大ニ生徒ノ教育ヲ助クヘシ。学徒器械ヲ具有シ、且リフラリーレヲ有ス。如此〆過半日、理学ノ講義ヲ成スヘシ。如レ此スレバ学校ニ入学セサルモノ、或ハ佗ノ職務アリテ煮ニ従事スル事能ハサル徒モ、学徒ト同シク教育ヲ受ル事ヲ得ヘシ」。

この内容から見ると、今日の図書館より概念が広く、図書館と博物館とを兼ねた社会教育センターとでもいうべき施設である。大英博物館が念頭にあったとも思われる。ボールドウィンは、みずから教鞭を執っている学校教育と社会教育との交流のなかに、新たな京都の人たちの育成を目指したのである。

その直後の一八七二年五月初旬、中津への帰省のついでに京都に立ち寄った福澤諭吉は、番組小学校や女紅場を見学した。年来の夢であった官民一体となって実現させつつある新しい学校制度が、着々と成果を上げている様子を見て驚き、感心するとともに、併せて社会教育の場としての「書籍縦覧結社」の開設を、槇村と山本に勧めている。山本覚馬は、「福澤諭吉氏が京都の学事視察をした時、書籍縦覧株式会社開設を勧め、府でいよいよこれを実現させる気運になった」と書いている。

このように、ボールドウィンと福澤諭吉の熱心な勧告もあって、府でも本格的に集書院開設の準備を進め、同年の九月には、待望の集書院が三条高倉西に、建物延べ面積約五〇〇坪、洋風二階建てで竣工した。

一般国民に開放した図書館としては、文部省が一八七二（明治五）年に開設した東京の書籍館に次ぐものだが、公立の公開図書閲覧施設としては日本で最初のものであった。

公立図書館として日本初の京都府集書院

なお、集書院開設は福澤の直接の功績ではないにしても、福澤はみずから著訳書を執筆するばかりではなく、義塾内に出版局を併設して、欧米図書の翻訳と販売にも日夜心をくだいている事業家でもあった。したがって図書館に対しても、国民が新聞・雑誌・書籍を通して、新知識や情報を収集する社会教育の場としてばかりではなく、自分自身の著訳書の売込み先、委託販売の場としても当然、注目していたと思われる。京都の諸学校や集書院・集書会社へ強い関心を持ち、知事や山本顧問との人間関係を通じて、事業の拡大を意図していたことは間違いない。

女紅場の設置と女子教育

山本覚馬はその建白書『管見』の中で男女同等を主張し、特に女子教育の重要性や才女の養成を明快に述べているが、近代的な社会を実現するためには、女性の地位向上が必須だと考えていたのである。

その考えを実践するため、女紅場（正式には「新英学校及女紅場」という）が、華士族の娘に英語と高等の和洋女紅を教えるために設けられた。後の京都府立京都第一高等女学校で、現在の鴨沂高校の前身である。その後一般庶民の娘たちにも入学が許可された。女紅とは女性の手芸のことで、それを教える学校なので女紅場といった。この女紅場は明治五年に、九条家の河原町別邸内に設けられた。一八七七年には明治天皇の臨幸があった。英学の教師はイギリス人、イーバンス夫妻である。中学校の入学者が少なかったのに比べ、女紅場は最初から七八名在籍し、刺繍、裁縫、機織り、袋物、押絵など実用手芸を主としていたが、特に新時代に適応させるために英語も課せられていた。設備としては、教室の外に寄宿舎があり、当初は全員を収容する予定であったので、寮教育も入っていた。

女紅場（後の府立第一高女）

一八七七年に最初の卒業生四〇名を出すが、教員免状が授けられて、小学校でも自宅でも教師となることが可能であった。職員は山本覚馬の妹・八重（後の**新島八重**）が権舎長兼教導試補で、一等舎長の蘆田鳴尾もやはり会津出身であった。また史生、平井義直は槇村知事の秘書であり、槇村正直、山本覚馬の指導力で、進められたことがわかる。

新島八重（一八四五〜一九三二）
会津藩砲術師・山本権八の長女。兄に山本覚馬がいる。戊辰戦争時に会津若松城籠城戦で奮戦したことは有名である。一八七二（明治五）年、兄の推薦により京都女紅場（後の府立第一高女）の権舎長・教導試補となる。明治九年一月に新島襄と結婚。

同志社英学校の誕生と英語教育

山本覚馬はまた、私学教育にも力を注いだ。一八七五年、新島襄からキリスト教主義の学校建設の相談を受けた山本は、前述したように、その道徳教育の理念に共感し、自分の所有地である旧薩摩藩邸約六〇〇〇坪を校地として提供した。新島襄は自由に使ってよろしいという山本の申し入れに感激するが、しかし好意に甘えきってはいけないという思いから、結局、購入価格五〇〇両に相当する五〇〇円という安さで、その土地を譲り受けた。こうして山本覚馬が薩摩藩の手で幽因された場所に、今度はキリスト教主義の学校ができる見通しが立ったのである。

そして山本と新島は「教育こそ国家の礎」という確固たる信念を最後まで貫き通し、仏教寺院などの反対を抑え、同志社英学校の開校に尽力したわけである。新島襄が一八七五年八月二三日に京都府に差し出した「私塾開業願」である同志社英学校開業願に記した学科内容は次のようなものである。

「英語（綴字、文法、作文）、支那学、但シ生徒ノ求ニ任ス、算術、点算、度量学、三角法、地理、天文、窮理学、人身窮理学、化学、地質学、万国歴史、文明史、万国公法、文理学、経済学、性理学、修身学」（しかし、同志社に残る控えでは英語は「英学」、修身学は「修身学聖教」になっている）。

また、開業願に記された科目のすべてが、最初から教えられたわけではなく、英語も宣教師による初歩講座であった。もっとも、生徒の数も少なく、明治八年末の京都府の調べでは、生徒は男二八人であった。一八七六年にようやく「熊本バンド」の人たち三十余名が大挙して入学し、生徒は男六七人に増加した。この熊本バンドの人たちは、すでに相当に英語ができていたので、同志社に入学してからは「助教」という形で、下級の生徒に英語の訳読、科学などを教え、また入学試験の試験官にもなった。

同志社初期の教育は英語力をつけることにねらいがあった。語学力をつけさせるために、競争主義の教育方針をとり、授業はことごとく英語でなされた。当時、教科書は英語よりほかになかったので、数学をはじめ心理学、論理学、天文学、地理、歴史、理科、修身もみな原書を用いて教え、そのうえ、教室内での質問や答弁も、すべて英語で行われていた。そのため学生は自然に英語を習得できたわけである。当時の英語は英語というよりはむしろ英学であった。すなわち英語を媒体として、人文、社会、自然の三科学の各分野の学問を教えたのである。

京都府知事から外務卿に上申した「同志社視察記」の中に、一八七九〜八〇年に実際に使用されていた英文教科書には次のものが報告されている。

第一年　ウェブストル綴字科
第一、二年　モゴフィー第一、第二読本　デビス算術数学書　パーレィ万国史
第二年　ギヨー大地理書　ダナ地質学書
第三年　ガッフヒン読本　デビス幾何　ギヨー大地理書　スウヰントン万国史　スマイル立志篇
第四年　スチール天文学　スチール無機化学書　スウヰントン万国史
第五年　ギゾー文明史　ヘブン性理学　ホウェイトレー論理学

その他、使用学年が明らかでないダルトンの生理書と各学年共通ゴスペル（福音書）がある。以上の内容から見て、同志社の教科は相当程度が高い、高等教育であったといえる。一八八六〜一八九一年まで同志社に学び、新島襄から直接薫陶を受け、第一三代日本銀行総裁を務めた**深井英五**は、その回顧談の中で、同志社英語の特色を語っている。

「英語の教え方は随分特色のあるものであった。新年生には全く横文字を知らないものもあるのに、最初から米国人が英語で教授する。音読は口真似を以てし、意味は実物や身振りを交えて説明する。少し字も読め、片言がわかるようになってから、盛んに書き取りと暗誦をやらせる。その間に発

音や綴字の規則を覚える。それから文典を教えられるという順序であった。教師のうちには簡単な文章の暗誦に最も重きをおき、英文学という高級の学科に至ってもこれを続けられ、生徒の不平をかもしたことがある。訳読の方は特別の課程を設けず、一般科目の英文教科書によって自然に覚えていくのである。もっともこの方は一、二年の間日本人の教師が受け持たれた。三年級のころから米国人の教師も一般科目の教授を受け持たれ、教師と生徒との討論も英語を以てするようになり、会話も訳読も普通学科と結合して進行したのである」(『我等の同志社＝創立六十周年記念誌』)。

深井英五は一八八六年に同志社普通学校へ入学し、ブラウン奨学金を新島襄から直接受けた英才であった。授業に関しては勤勉そのもので、ラーネッド、グリーン、ケディーといった教授陣の影響から英語のマスターも早く、語学力は群を抜いていたといわれる。経済学、理化学、哲学、社会思想史などが得意科目で、苦手科目はほとんどなく、成績も常に一番か上位だったようである。また、深井は同志社時代にメリー・F・デントンからは英文・会話の個人レッスンを受けていた。デントンは米国人のブラウンからの奨学金で勉学する深井に目をかけ、デントンハウスで個人レッスンを喜んで引き受けている。深井は日銀総裁時代にデントンを訪問した折、現在の自分があるのはデントンの英語教育のおかげと感謝し、デントンから欧米交流の必要性を教わったことが、その後の自分の人生に大きく影響したといっている。また、学校の図書館でブラトーが著し

深井英五

た『共和国』という英文の本を借りようとしたら、図書係のアメリカ人教師に「その本は難しすぎる。学校の本をおもちゃにしてはいけません」と注意されてしまい、「それなら何としても読み通してみせるぞ」と半分は反抗の気持ちもあってがんばりとおし、遂に読解してしまったというエピソードを披露している。

深井英五（一八七一〜一九四五）
旧高崎藩士の深井景忠の五男として高崎市に生まれる。一八八六（明治一九）年、ブラウン奨学生に選ばれ、同志社普通学校入学。直接、新島襄から教えを受け、デントンから英語の教育を受ける。卒業後、蘇峰の民友社、国民新聞へ入社。外報部長を経て、大蔵大臣松方正義の秘書官へ転ずる。一九〇一年、日本銀行へ入行。営業局長、理事、副総裁を経て第一三代総裁に就任。

ドイツ医学の京都療病院の開設

京都府の為政者は前章までで述べたように、京都の活力を復活させるために、京都の近代化、西欧文明を積極的に摂取することに全力を傾注した。京都府は、全国に先駆けて西洋の制度によった衛生行政制度の形成を企図し、そのなかで、府の先進的事業として一八七二年に開設されたのが京都療病院（現・京都府立医科大学および附属病院）である。設立にあたって、多くの寺院の出資と広い分野の一般府民の協力で五万円の資金を得たことが病院建設を可能にしたのである。

京都府の方策は、療病院を中枢とした衛生行政を総合的に進めようとするものであった。衛生施設に関していえば、療病院では治療、教育、医業者の管理、衛生事務を担当し、舎密局では医薬品、石鹸、消毒薬などを製造販売し、化芥所では塵芥処理、牧畜場では牛乳と牛肉の生産販売を担うといった分担であった。

このように、衛生行政施策が疾病予防や健康増進だけでなく教育と勧業という機能をもつことによって、府民の生活に新しい文化を伝播し、近代化、西洋化のメリットを通して、新しい公衆観念が形成されることをねらっていた。療病院の開業式において、参事・槇村正直（一八七五年知事）は、「健康天寿ヲ保チ職務勉強ノ力ヲ増長シ土地国家ノ繁栄ヲ助クルノ心掛肝要タルベキ也」と挨拶し、衛生行政政策においても近代京都をつくり上げる決意を述べている。そして何といっても府民の盛り上がりでこの療病院ができたことに大きな特色があり、これは他の府県では見られなかったことである。

この年、京都では博覧会が催され、公衆便所が各町に設置され街灯も灯された。京都療病院はこのような気運のなかから生まれた病院であり、京都における近代医療と近代医学教育の幕開けとなった。京都療病院の名称は聖徳太子が悲田院、施薬院、療病院の三院を創設した故事にならって命名されたという。

そして西洋医療の知識と技術を直輸入するために、外国人医師はドイツ人の名医**ヨンケル・フォン**

ランゲッグ、オランダ人医師マンスヘルト、ドイツ人医師ショイベの三人を招聘した。その頃、医者でドイツ語の通訳のできる人は京都に一人もいなかったので、英学に長けた山田文友（後の山田病院院長）を東京から招いてヨンケルらの英語通訳に任じた。ほかに日本人医師は新宮涼閣、小石仲蔵、前田松閣らで、薬局には三名があたった。一八七二（明治五）年九月から木屋町の仮療病院で診療を開始し、一一月より粟田口、青蓮院内の仮療病院で早くも解剖学の講義を開始した。彼らは診療研究に熱心で、脚気病、寄生虫学に大きな業績を残した。この三人の外国人医師は、療病院に近代医学を導入し、病院の発展と医学教育に多大な貢献をした。

粟田口の青蓮院の施設が手狭になったので、一八七四年着工で、河原町の里坊（今の場所）に、ヨンケルの基本設計に基づいて、本格的な病院と医学校を建てることになった。建物は講堂三、病室二九、診察所、製薬局、教師館、医生寮などで、総工費は約六万円を要した。木造洋館造りで一八八〇年七月に完成した。

ヨンケル・フォンランゲッグ（一八二八～一九〇一）
明治五年に創設された京都療病院に初代医学教師として招聘された。青蓮院内の仮療病院で解剖学の講義を開始した。ドイツ医療・医学教育の傍ら日本語を学び、茶の湯にも親しんだ。

病院とともに設立された医学専門学校

日本の多くの医科大学・医学部では、まず大学などの教育施設ができ、その研修の場として附属病院がつくられてきた。しかしながら、京都では府民の医療を第一とする病院がまずつくられ、次にこの病院での医療・医学を担う人材を養成する場として大学が位置付けられた。つまり、現在よくいわれている、地域医療を先取りした形である。一八七九年四月一六日には医学校も併設され、初代校長に**萩原三圭**が就任し、以後半井澄、猪子止戈之助、加門桂太郎、島村俊一と続いた。

一八八〇年七月に完成した新しい療病院は医学校の分離が決まっていたので、右の門柱には「京都府立療病院」、左の門柱には「京都府立医学校」の看板が掲げられた。

翌一八八一年、北垣知事になり、政策転換のなかで、衛生施設の多くは民間に払い下げられた。療病院では外国人教師が一掃され、日本人だけの体制となった。翌年、京都府医学校（療病院改称）は甲種医学校となり、さらに専門学校を経て一九二一年に京都府立医科大学になった。

萩原三圭（一八四〇～一八九四）
日本人最初のドイツ留学生、医師。土佐藩出身。一八六八年、青木周蔵とドイツライプチヒ大学留学。一八七九年、京都府療病院内に医学校と医学予備校を設けたとき初代校長となる。

第三章　産業振興の参謀・山本覚馬の才腕

『管見』に見られる山本覚馬の先見性

京都近代化のデザインをしたのは、前章で述べたように、山本覚馬といってよい。山本が書いた『管見』は国政レベルのもので、西郷隆盛や岩倉具視の目に留まり、岩倉は身体の弱った山本覚馬を見舞いに仙台藩邸の病院まで会いに行っている。

山本は西洋の事情に詳しい豊かな識見を買われて兵部省へ誘われるが、同時に京都府顧問にも依頼され、近代産業の振興という理念を実現するため、京都への残留を決めた。

山本覚馬

山本覚馬は会津藩の砲兵術家、山本権八の長男として生まれた。覚馬の才能を最初に見抜いたのは母親のさくといわれるが、母の期待通り、覚馬は文武兵法の勉学に励み、佐久間象山や勝海舟など当代一流の学者、指導者と交流を深めて、弱冠三〇歳の若さで会津藩軍事取締役に抜擢される。

京都守護職に任命された藩主**松平容保**に従って上洛した山本は、蛤御門の変（禁門の変）では砲兵隊長として活躍するが、その後の鳥羽・伏見の戦いで新政府軍に敗北を喫し、薩摩藩邸に幽閉された。獄中、山本は持病の白内障を悪化させて盲目となり、さらに脊髄障害という重複障害者の状態になっていた。獄中では会津藩の野沢雞一、松本清次郎、桑名藩の山崎幸一郎、幕臣の波多野小太郎ら仲間たちと、政治・経済・教育など日本の将来を幅広く談じて時を過ごした。そして、覚馬の口述したものを野沢が筆記し、約一カ月を要して、二二項目、一万字に及ぶ建白書『管見』が完成した。それを薩摩藩主島津公に提出した。

その内容は政治、経済、教育、衛生、衣食住、風俗、貿易諸般の網目にわたっていて、とりわけ富国強兵を視野に入れた、殖産振興と人材育成を基本に置いているのが注目される。山本はドイツ人、ルドルフ・レーマンら多くの外国人から西洋文化、西洋技術を学び、**西周**、**津田真道**、神田孝平らの新進の一流知識人と交わって西洋の事情を知り、影響を受けながら独自の理念を持つに至る。薩摩藩では小松帯刀、**西郷隆盛**ら薩摩藩の要人に認められ、山本は改めて、その才覚を認識された。

『管見』は、失明というハンディを克服した山本覚馬によって、実行する場を京都へと移したわけである。西欧の技術や文化を積極的に導入するなど、鋭い先見性とバランス感覚で京都を近代化路線へと導くことになる。京都の近代化の指標となった山本覚馬『管見』の内容を要約してみよう。

『管見』
[序言] 欧米列強の東洋侵略、特にロシアの魔手、警戒すべし。確固不易の国是を立て、富国強兵の策を論ずる必要がある。
[政体] 皇威赫然《かくぜん》、外国と並立、彼の侮りを受けないために、国民一致、王室を奉戴《ほうたい》すること。ただし臣下に、分に応じて権力を分けるのがよい。
[議事院] 大小の議事院を置き、大は公卿諸侯から、小は王臣・藩士から議員を出すべし。小議員の数は一万石につき半人、五万石で一人、一〇万石で二人、二〇万石で三人ぐらいがよろしい。
[学校] まず人材の教育こそ急務。京摂その他重要の地に学校を設け、無用の古書はやめ、国家有用の書物に習熟せしむべし。学問は建国法規・経済学・万国公法・修身学・訴訟法・格物窮理(物理学)、陸海軍知識などを主とすること。
[変制] 新しく立国するに当たり旧習にとらわれないこと。人民が自由にその天禀《てんぴん》の才力を伸ばせるよう制度を変革したい。佩刀《はいとう》なども追ってやめるべきであろう。
[国体] 当分は国体(国の行政形態)を封建制と郡県制の中間とするのがよかろう。封建的身分格差をやめ、官吏は賢愚の差によって採用することはもちろんだ。税金は遊女屋など社会に不要の者から多く徴し、生活必需品や書籍などを売る者には軽くする。
[建国術] 世界の情勢を熟視するに、商をもっぱらとする国は栄え、農をもっぱらとする国は栄えな

い。イギリスは蒸気機関を発明し、これによって良品を製造し、世界中に売って巨富を得、オランダは各地に航路を開いて物資を動かし、その利益で繁栄している。これから日本は両国に学ばねばならない。

[製鉄法] 鍋釜から兵器、艦船に至るまで人間生活の鉄に負うこと絶大。今後は最新の反射炉を活用して鉄を増産し、文明生活のため最大限活用すべきだ。

[貨幣] 貨幣は国の経済を支える最重要なものであるが、旧幕時代ひどい役人が悪質の金貨を通用させたため信用を失い、経済が混乱して現在に及んでいる。世界と交易の道が開かれた現在、速やかに良貨を鋳造して流通させねば、日本の信用いよいよ失墜し、大きな不利を招く。貨幣の改鋳は最大の急務。

[衣食] 肉食の国は古来牛豚の肉を食い、毛織りの服を着ているから、身体強健で精神が充実している。わが国も上古は肉食だったのに、仏法の教えに従ってしだいに肉を食わなくなり、それだけ精神柔弱となった。今や毛衣肉食によって筋骨を健にし、気力ある人材を育てることこそ急務。

[女学] 日本では婦人に学問を教えない傾向があったが、今後は男子と同等に教育せよ。夫婦とも十分の学を備えれば、親にまさる優秀な子が生まれ、日本人の質が向上する。

[平均法] 馬鹿でも長男は家督を継ぎ、財産を一人占めにする。次男以下は厄介者として一生を終わ

る。資産の偏在と有能者の無能化、これは大きな国家的損失だ。今後は富を公平に分配せよ。子なき者の家産は官で没収せよ。必ずや国益を生むであろう。

［醸酒法］米食国日本というのに、僻境《へききょう》の地では米乏しく、木の実、草を食っている。しかも米の一五分の一は酒をつくるのに使われている。不合理だ。これからは米を原料に造酒することを禁じ、麦・葡萄・馬鈴薯を以てこれに替えよ。

［救民］遊女から伝染した梅毒で身を滅ぼし、その妻子孫に及ぶもの多し。放置していては国辱である。医師は七日目ごとに遊女と男客を検診し、病あれば隔離して治癒する、こういったことを官で制度化せよ。

［髪制］応仁の乱あたりから額の上を剃るようになり、見ぐるしい風態となった。この月代の風をやめ、自分でひげだけそるようにしたら古風な品格が整ってよいと思う。いかがなものか。京・大坂・江戸で約二万五〇〇〇軒といわれる結髪業者は失業するかも知れないが。

［変仏法］いま日本六〇余州で寺院の数が四五万軒。その坊主たちのうち法を弁（わきま）え戒を守っているもの一〇〇〇人に一人。その他はみな肉食をし、女を貯え、金貸しをしている。これは官において厳重な再試験をし、不勉強な奴は寺から追い出すべき。

［商律］開国によって貿易が盛んになるのはよいのだが、時に風波の難あればその損害は大きい。業者は仲間を組んで結束し、請負人に一定の敷金を納めておけば万一の場合の損害が補てんでき

る。この仕組み、国益にもなることであるからぜひ実施すべし。

[時法] わが国の時刻制は一昼夜を一二に分けているが、西欧各国のように正午を境として午前一二時間、午後一二時間とする方がすべての点で便利。分単位で時間を大切にする良風も生まれるであろう。

[暦法] 日本の暦はやたらに閏月《うるうづき》が多い。西洋のように一年三六五日と四分の一利にすれば、四年に一度だけの閏月ですむ。年号なんかやめてしまえ。「神武即位」をもとに「皇紀二千五百二十八年」(明治元年)とやる方が、連綿と続く皇統が感じられるではないか。

[官医] いま宮中の官医は、医の実力と関係ない家柄によって配列されている。至尊の玉体を守る医官がそんなことではだめ。長崎で猛勉強した名医をこれに代えるべきである。

以上のように『管見』の二二項目の要点を抽出したが、そこに山本の人柄や教育観や近代国家観がわかり、非常に興味深いものがある。まず山本は合理的理財(経済)観念の鋭い人であり、効率や実利を重んじ、実行を旨とする点に特徴がある。山本は観念論者ではなく、現実無視の理想主義者でもなく、大地にしっかりと両足を踏まえながら費用対効果を考え、先見性のある鋭い感覚をもっていた。この山本独自のセンスは二度の江戸遊学と長崎遊学が大いにプラスになっている。さらに、幕末の京都で京都守護職になった藩主・松平容保を補佐しながら、朝廷、幕府、薩摩、長州等の政治的、軍事的駆け引きを通して日本の現状と将来を模索したことによって磨かれたものであった。

山本は会津藩に属しながら藩を越え、日本全体を、そして西洋列強の動向も視野に入れていた。山本は前述した佐久間象山、勝海舟、江川太郎左衛門、西周といった当時トップレベルの外国通であり、かつ近代兵器に対する知識と実践能力をもった人たちと交わり、彼らから最新の情報を収集し、技術を習得した。とりわけ長崎での遊学で、外国人から直接オランダ語で貴重な情報を収集したことが大きな収穫であった。

そして、山本は外国の実態を把握して、海国日本をどのように防衛していくかといった実際的対応を打ち出そうとする現実主義者であった。要するに山本の諸々の提言は日本が西洋の属国にならないためには、富国強兵も必要であるが、人民を教育することが前提になることに気づいていたのである。

山本の近代国家像は西洋列強の近代国家像をモデルとし、今までの幕藩体制を否定した、国家や人民の利益を重視する「公」の政治を目指したものだった。この『管見』は、明治維新の近代国家構想が模索され始めた時期に、的確な雛形を提供することになったわけである。

さて、山本覚馬は一八六九（明治二）年に釈放されて自由の身になった。時に四一歳であった。山本は解放されると、ずば抜けた見識や展望の能力が評価され、京都府は京都を活性化させるブレーンとして山本の力量に頼ることになるのである。

松平容保（一八三五～一八九三）
会津松平藩九代目の藩主。幕末京都守護職として、京都の治安と公武合体に力を尽くし、時の考明天皇の厚い信頼を得る。その後、戊辰戦争へ突入し、会津落城後は妙国寺に謹慎、のち和歌山藩に移された。一八七二年に謹慎を解かれ、一八八〇年より東照宮宮司に任ぜられた。

西周（一八二九～一八九七）
島根生まれ。啓蒙思想家。父は津和野藩医。藩校や大坂で儒学を学んだのち、江戸に出てオランダ語、英語を習得。一八六二年から三年間オランダに留学。一八六八年『万国公法』を訳刊。明六社に参加し『明六雑誌』に論文を発表した。西洋哲学、論理学等の導入者として、多くの術語を考案した。

津田真道（一八二九～一九〇三）
津山藩の料理番の家に生まれる。江戸に出て、箕作阮甫・伊東玄朴に蘭学を、佐久間象山に兵学を学ぶ。オランダに留学、帰朝後、明治政府に出仕した。明六社に参画、『明六雑誌』に種々の論文を発表。元老院議官を経て、衆議院議員・貴族院議員。

西郷隆盛（一八二八～一八七七）
鹿児島生まれ。坂本竜馬の仲介で長州の木戸孝允と薩長連合を結ぶ。勝海舟とともに江戸城無血開城を実現し、王政復古を成功させた。新政府内でも参議として、維新の改革を断行。征韓論に敗れ下野。西南戦争で政府軍に敗北し、自刃した。

政財界のリーダーとなった山本覚馬

一八七九（明治一二）年には、府議会が開設されて第一回の議員選挙が行われ、山本覚馬は、上京区選出の府会議員としてトップ当選を果たした。しかもこの時の選挙は立候補制ではなく、選挙民の自主的投票によって行われた。いかに山本が市民に尊敬されていたかがこの一事でわかる。さらにその後の議会での議長選挙の結果、山本は京都府議会初代議長に選出された。

その議長就任の辞に「拙者不具なるにつき動作進退の諸式に至っては副議長に代理を依頼する」と述べ、議会の承認を求めた。議長となって彼は、不慣れな議員に民主主義と議事進行のルールを訓育した。また日曜を休日とするなど、明治の夜明けの先達としてその責任を果たした。特に議長としての顕著な業績としては、槇村知事が府議会の承認なくして行った地方税追徴布達について府議会と知事が正面衝突となった際、山本覚馬は議長として私情を捨てて、知事の反民主独裁的布達の撤回のため断乎闘い、民主的京都府政の歴史の一ページを飾った。また、山本覚馬は、同志社の教授や学生とともに大衆演説会で街頭にしばしば立って市民に政治・経済の諸問題について演説して、市民の政治意識の啓発、民主主義を説いた。

さらに一八八五年には初代京都商工会議所会頭に就任して、京都の商工業の発展の先頭に立った。単に理論だけでなく、京都経済界の人材育成に尽くした。

殊に明治政財界の功労者である、濱岡光哲、垂水新太郎、雨森菊太郎、中村栄助、大沢善助、そして明石博高などすべて、山本覚馬の教え子である。各々の伝記が刊行されているが、そのすべてに山本覚馬の教えを受けたことが記されている。中村栄助などその著書『九十年』の中で精神的文化の面では新島襄、政治・経済・学問についてはすべて山本覚馬に学んだと語っている。また、松方日記にも、松方蔵相がわざわざ西下して覚馬に教えを乞うたことが記されている。松方財政といわれ、西南戦争による戦費調達で生じたインフレーションを解消しようと、大蔵卿松方正義が行った、デフレーション誘導の財政政策であるが、山本は陰のブレーンだったのである。さらに、京都府教育会史にも、夏休みに槇村知事をはじめ多くの官員が覚馬について国際公法の特別講義を受けていることが記載されている。

槇村正直による京都府施政方針と計画案

槇村正直知事

第二代知事となる長州出身の槇村正直は、一八六八年九月、府に出任してから一八八一年一月まで一三年余りにわたって在職した。この間、一八七一年九月大参事となってからは府政の実権を完全に掌握し、木戸孝允のバックアップをも受けつつ、府政全般にわたって陣頭指揮を執った。

京都は長く日本の首都であったばかりでなく、産業の中心だった。ところが明治期に入り、遷都による人口の減少や経済の沈滞もすさまじく、西陣や室町も需要減による打撃を受けていた。商工業を振興し、いかに新生京都を創り上げ、街を活性化するかが課題であった。山本覚馬の『管見』を反映し、一八七〇（明治三）年、槇村正直参事は東上し、太政大臣三条実美に会って、「京都府施政ノ大綱ニ関スル建言書」（府施政大綱建言書）を提出した。その内容は進歩的で近代化を推進するための具体的行動を示したものであった。

一、「京都市中ヲ挙テ職業街トシ、追年諸器械ヲ布列シ、専ラ物産ヲ興隆スベキ事」

京都は昔からの町割正しく、また町組の制整っていて自主的に火災盗難を防ぐに便。従来織物・漆器・陶器・銅鉄器・染物などを産しているが、さらに水車器械を置いて精巧の良品を増産し、海外輸出を図りたい。

二、「尽《ことごと》ク無用ノ地ヲ開キテ地産ヲ盛ニスベシ」

従来産する茶は天下の名品、今般試みに製した蚕糸、蚕卵紙（蚕に産卵させる厚紙）また絶品。地力を尽して茶桑の培養に努めたい。

三、「水理ヲ通シ道路ヲ開キ、運輸ヲ便ニシテ、以テ商法ヲ弘大ニスベシ」

まず大阪から五条橋下まで運河を設けて鉄製蒸気船を通すこと。鉄道は、東海道線は大阪～横浜間に航路があるので後まわしにし、まず越前～京都間を開通させたい。

四、「職業教授場ヲ開キ、遊民ヲアゲテ職業ニツカシムル事」

天下窮民の多くは放蕩無頼、怠惰自棄。京都府下其の類もっとも多し。また遊女、芸者、男芸者約二六〇〇人もこれに準ず。これらを急に説得して正業に就かせようとしても無理で、まず授産の場を設け、救いを乞う者から順に訓練して世に出すべきである。その費用の一助として遊所から冥《みょう》加金《がきん》を徴するのも一法であろう。

五、「広ク海外ノ形勢ヲ示シテ人智ヲ発明スル事」

海外の新聞紙、新訳書等を各小学校に配分して展示させ、また東京で出版する洋書新刊の訳書のうち民間に有益の書は必ず一部ずつ京都府へ配分するよう手配するつもり。欧米の産業等を研究するための出国者には府費を以て旅費を援助したい。

そして、次のように結んだ。

「眼前ノ小恵ハ民ニ怠惰ヲ教フル也。今ヤ民ノ産ヲ制シテ永世ノ繁殖ヲ謀り、是ヲ富マシ是ヲ教へ、必ズ訟ナカラシムルヲ要セバ、亦富強ノ御基礎ヲ扶ケ奉ルニ庶幾《ちか》カランカ」

この五項目の中に、その後の京都の諸事業となる青写真が網羅されている。長州藩から期待をもたれて送り込まれただけに、期待に応えるべく府政への気概が感じられる。山本覚馬の進言も含んだ京都府施政の大綱として、実施順序、時期にこだわらず列挙してみよう。

まず勧業分野では、勧業場をはじめ、舎密局・集塵場・授産場・養蚕場・製革場・製糸場・製靴場・製紙場・牧畜場・栽培試験所・伏水製作所・鉄具製工所・染殿・織殿・物産引立会社・小前取引所など。

次に医療・福祉分野では、療病院・医学校・避病院・療狂院・流民集所・窮民授産所・駆黴院・化芥所・童仙房開拓・婦女職工引立会社など。

そして教育・文化面では、番組小学校・中学・欧学舎・女紅場・集書院・博物館など。

ここに挙げた勧業・福祉・教育の諸事業はどれ一つをとってみても、文明開化の時代における府民の社会生活水準を引き上げることを狙いにしたもので、府民の率先した協力も必要不可欠であった。

これら京都復興のための殖産興業政策の推進（京都策）が槇村知事の最大の仕事となった。

舎密局・勧業場の開設と技術集積

槇村参事ら府当局は、洛中の地子銭（地代）免除と産業基立金として一〇万円の下賜を請願して受理されたが、さらに政府からの勧業基立金一五万円が加わり、計二五万円（現在価値で約五〇億円?）としての振興資金が確保された。ちなみに大阪府は、勧業基立金は約三〇〇〇円（現在価値で約六〇〇〇万円?）を受けただけであった。いかに京都が優遇されたかがわかる。振興資金がどのように使われたかであるが、勧業場（実質は府庁の産業統括本部）として、次の方針で臨んだ。

・勧業基立金ヲ監守シ、之を貸下ゲコレラノ資金を之ヲ取立ル事

・右ノ勧業基立金ヲ成規ニ随ヒ年賦ヲ以テ大蔵省へ返納スル事

・産業基立金ヲ運転シ、其利潤ヲ殖シ、府下一般ノ公益ヲ図り、或ハ工場製産ノ基ヲ起ス事

要するに「勧」は民間に融資する事業資金であり、「産」は府が行う事業の建設資金である。槇村正直参事の政治力と新たに京都府顧問になった山本覚馬の企画力、そして明石博高の実行力、この三人の指導のもとに近代化プロジェクトを進行することになった。

さて、舎密局は理化学、特に化学工業の研究・普及を図ることが、京都の工業振興の基礎であることに着眼して創設された。舎密局の当初の財源となった産業基立金の使途は次の通りである。

三万二〇〇〇円　西陣各社への貸付金
　五九三九円　良木を宮地へ植付け
　二五九九円　養蚕場と製糸場の建物と器械
一万八六三四円　製茶関係新設諸経費
二万二九四二円　牧畜場牛羊を買入れ
　四九二円　童仙房開拓地へ和牛を買入れ
　三九四二円　製革場を勧業場内へ新設
　三三四六円　製革場を勧業場内へ新設
七万四二三八円　製紙場へドイツから器械を購入
一万　三四二円　舎密局製造器械類

五二九七円　活版印刷器械をドイツから購入
二一八二円　山科新牧畜場地所を買入

以上の合計が一八万一九五九円一〇銭九厘であり、製品売却などの収入が四万六〇〇〇余円あり、実質的な基立金の投入は一三万五九〇〇余円であった。これは一八七四（明治七）年の例であるが、以後も順調に運営されていった。後の話であるが、明治第三代京都府知事に就任した北垣国道は、この二つの基立金残高のすべてを琵琶湖疏水建設に充てたのであった。

さて、いつから着手したかであるが、一八七一年から京都府は本格的に洋式工業による殖産に着手した。最初の施設として京都舎密局（「舎密」はケミストリーの漢訳、現在の工業試験場のような機関）を現在の河原町御池付近に設置した。『管見』の中で「国を富ませる上での基本施策は商業重視と産業の機械化」と述べているように、山本は当時最先端の産業や技術を集積することで京都を発展に導こうと考えたわけである。

明石博高が局長で舎密局の指揮を執り、理化学の研修から製品開発まで手がけた。薬剤、石鹸、ガラス、陶磁器、七宝、清涼飲料水（レモネードやラムネ）などの製造を進めた。

さらに、勧業場が舎密局の隣に開設され、貿易の奨励、物産の陳列、資金の融資、その他新事業の企画、監督など産業振興の心臓部としての役割を果たした。勧業場は、製糸場、製革場、製靴場、伏見製鉄所、梅津製紙場、織場など一九の事業を統括、運営にあたった。舎密局で、最も成功したのはドイツ人、ゴットフリード・ワグネルが特技とした陶磁器、七宝の製造で、もともと陶芸の盛んな京都に、ヨーロッパの窯業技術が導入され、競争力のある特産品となった。またワグネルについて詳しくは後述するが、彼は博識多能な学芸兼備の才があり、非常な苦心努力をして製陶・七宝焼などの染色技法の開発に努め、島津源蔵（島津製作所創業者）や陶磁器の永樂善五郎、七宝焼の前田嘉右衛門など多くの人材を育てた人物として知られている。一九二四年には関係者によって、岡崎公園に記念碑が建てられた。

勧業博覧会の開催

博覧会もまた、京都の産業振興のために設けられたもので、一八七一年から一四年ばかり年中行事のように開かれた。府勧業課の事務業務も半分は博覧会の準備、運営であった。

最初の博覧会は、一八七一年一〇月一〇日から三三日間、西本願寺を会場としたものであった。この最初の主催者は、三井八郎右衛門・**小野善助**・熊谷久右衛門の三人で、ともに京都の有力商人であるが、展示物はまだ古器旧物に限られていた。閉会直後の一一月一五日、官民合同の京都博覧会社が創設され、一八七二年の三月一〇日、第一回京都博覧会が西本願寺、建仁寺、知恩院の三寺院で開催され、五〇日間の入場者は三万九四〇四人、出品点数二四八五点（うち二〇九六点が京都府の出展）で、府が広く府民に出品を勧めたことも効果を上げた。さらに博覧会を盛り上げるため、同年、府の発案で煎茶や抹茶の茶席が設けられ、また祇園・八坂下河原・宮川町などの芸妓の踊りが公演された。祇園の井上八千代が振付の指導にあたり、「都おどり」の名付け親となった。

この間、六月二日には、西国巡幸中の明治天皇が建仁寺と知恩院の会場を巡覧した。満一九歳の天皇はこの巡幸で初めて洋服（燕尾服）を着用し、会場へも騎馬姿で到着、新発明の米つき器をみずから踏むなど熱心に観覧した。

一方、博覧会は都市としての環境整備、道路改良、下水道、公衆便所などのインフラ整備、そして外人宿泊施設としてのホテルなど、工費六万八五〇〇円の民間投資が追加されるという派生効果もあった。当時はまだ、外国人の国内自由旅行は許されていない時代であったが、外国人を博覧会に迎えるための環境設備であった。一八七二（明治五）年から銅版の地図つき案内板も設け、外国人の来遊を勧誘した。アメリカン・ボードのオランメル・ギューリックもこの機に家族とともに京都へ来て、三カ月滞在した。京都府はこの時以来、旅券を発行して外国人の入洛を許し、遊覧区域も琵琶湖まで延長した。外国人が内地を旅行できるようになった始まりである。西洋文化や欧米の先進技術の積極的導入に踏み切ったわけだから、当然といえば当然のことであるが、当時、内地が開放されたことは画期的なことで、博覧会開催の副産物といえる。

一八七三年からは京都御所を会場にして毎年開催され、一八八一年に常設の博覧会場が造られた。一方、祇園に歌舞練場を建て、都おどりを始めたので博覧会の名物になり、観光収入も増加した。観光都市・京都のはしりである。当時、京都は博覧会都市でもあったのである。官民共同で行われた毎年の地方博覧会の開催は、京都の産業の振興、観光や文化の発展、都市基盤の整備に大きな役割を果たしてきた。

とりわけ、第四回内国勧業博覧会は、今までの地方博覧会をはるかに超える全国的規模での一大イベントであり、しかも大阪との誘致合戦に勝利しての開催であった。この博覧会は、一八九五年四月一日から七月三一日までの四カ月間、岡崎の地で千百年紀念祭の前段階のイベントとして、京都市の人口の約三・三四倍の約一一三万余人の入場者を集め盛況を呈した。施設は工業館・農林館・器械館・水産館・美術館・動物館・水族館から構成されていた。七条から博覧会場まで市街電車が走ったのも大きな話題を集めた。経営は京都電気鉄道株式会社であり、この年二月に日本最初の電車営業を七条停車場から伏見油掛間で開始したばかりだった。

このような博覧会の開催が直接的、間接的に京都産業の育成、発達に与えた刺激と影響は甚大なもので、指導者たちが副次的に狙った社会教育的効果も達せられた。

小野善助（一八三一～一八八七）

幕末から明治時代の京都の実業家。「井筒屋」を名乗った江戸時代の豪商の八代目を継ぎ、生糸販売・両替業などを営む。維新時、小野組を組織して、新政府の為替方となり、巨額の資金を調達し、財閥化した。本社を東京へ移すことで、当時の槇村知事と衝突した「小野組転籍事件」は有名。しかし経営に失敗し一八七四年に破綻した。

フランスからの技術導入による西陣の近代化

明治初期、西陣は生糸の輸出増による生糸不足と遷都による宮中での需要減という二重の打撃を受けた。そのため、下賜金三万円を基金にして、西陣の機業家に低利で融資が行われたり、物産取引所もできた。さらに危機打開のため、西陣織業者によりつくられた西陣物産会社は、絹織物の技術の進んでいるフランスのリヨンへ、技術導入の目的で佐倉常七、井上伊兵衛、吉田忠七の三人を派遣した。そして八カ月の滞在期間で、言葉や生活習慣の障害を乗り越えて洋式織機ジャガードの技術伝習を終え、一八七三（明治六）年、ジャガードなどのフランス製機械を携えて帰国した。

三人のなかで吉田忠七は引き続きリヨンで技術習得に努め、一八七四年帰国の途についたが、伊豆沖で乗船ニール号が沈没し、残念なことに帰らぬ人になった。

このジャガードは、紋紙を用いた紋織りの装置で、フランスのジャガールが考案したものである。

三人の留学生（帰国直前リヨンにて写す）

紋紙（パンチカード）に開けられた穴を用いて、自動的に縦糸が持ち上げられる機械で、従来の手法に比べて労力が大幅に軽減され、飛躍的な生産性の向上をもたらした。これまで二人がかりで作業した空引機に比べ、一人でしかも早く織り上げていくジャガード機で、西陣は高級絹織物生産地としての地位を維持することができたのである。

佐倉常七、井上伊兵衛の二人は、新鋭機の伝習生の指導にあたり、その貢献は大きいものである。また、一八七六年には荒木小平が国産のジャガードを誕生させた。

フランスのジャガードは鉄製であったが、西陣の機大工・荒木小平は、苦心すること二年、一八七七年に機械の大部分を木製として模作することに成功した。同年九月には第一回内国勧業博覧会（東京）に国産ジャガード第一号が二台出品された。木製のジャガードは、比較的容易にかつ安く入手することが可能だったので、まもなく桐生（群馬県）その他に新織機が広がっていった。

一八八七年には、京都のジャガードは四〇〇台に達し、このジャガードの普及に合わせ、西陣は日本絹織物業の近代的な技術革新の発祥地となったのである。

西陣織は高級品であり、庶民には高嶺の花という時代が長く続いてきたが、そんななかで、庶民がこれぞ西陣織という織物を、見たり触ったりすることができる機会が祭りであった。祇園祭に繰り出す優雅な山鉾には、西陣の技術の粋をこらした作品が飾られる。紋織りの創始者と呼ばれる紋屋次郎兵衛の「日本三景の図」、平野屋井上利助の織った円山応挙の「鶏之図」などの作品は、祇園祭用に作られた大作である。

西陣織会館の傍らに「ジャガード渡来百年記念碑」がある。佐倉常七、井上伊兵衛、吉田忠七の名がブロンズ製レリーフに刻まれている。

お雇い外国人の雇用と留学生派遣

山本覚馬は有能な人材の登用にも積極的であった。産業振興とともに、お雇い外国人を多数登用し、人材育成のための教育事業にも積極的に取り組んだ。山本覚馬がかつて長崎で目の治療を受けたオランダ人医師ボードインや大阪で貿易、造船業を営んでいたカール・レーマン商会の人脈を活用した。そしてカールの弟のルドルフ・レーマンをお雇い外国人教師に採用した。レーマン兄弟は新しい産業施設の創設に手を貸しただけでなく、新たな指導外国人の斡旋、供給源にもなった。その筆頭は前述した舎密局で化学と工芸学を教えたドイツ人のゴットフリード・ワグネルである。

次に青蓮院に開設された京都療病院に雇われたドイツ生まれのイギリス人ランゲック、梅津製紙場の技師、ドイツ人エキスネルなどである。レオン・ジュリーは府政アドバイザーとして雇用された、京都のフランス人第一号であった。詳細は次項で述べるが、ジュリーは外国人の手を借りて技術の移入をしていても限界があるとし、フランスへの留学生派遣を提案する。

ジュリーの提言を受け、京都府は一八七七（明治一〇）年、応用工芸の研究習熟を目的にして留学生を派遣することになった。フランス語学校から四名、師範学校から三名、中学校から一名の計八名であった。年長の今西直次郎一九歳、稲畑勝太郎は一六歳であった。八名中二名は留学中に死亡、帰国したのは一八八一年である。稲畑勝太郎ら留学生八人がまず入学したのは、カトリック系の中学サンシャール校である。稲畑らは言葉が不自由であったから、学科学習より語学のマスターが前提であった。稲畑勝太郎は留学生のなかで一番優秀で、リヨンのマルチニュール工業学校を卒業し、なお同地のジャン・マルナスの染物工場に勤めた。東洋人として最初の工員であった。稲畑は「偉大な染屋は偉大な化学者たれ」という恩師の言葉を実践するためにリヨン科学工業技術学校で勉強し、七年半の留学を終え、一八八五年七月に帰国した。

京都織物会社と稲畑勝太郎の独立

フランスから帰国した**稲畑勝太郎**は、留学時の知事であった槇村正直に、東京へ帰国の挨拶に行った。前知事は大いに喜ぶとともに、農商務大輔品川弥二郎に会うこと勧めた。品川は前途有望な青年稲畑に会うと、農商務技師に採用したいと申し出た。しかし、品川の申し出を北垣京都府知事は拒否し、稲畑に即座に京都府庁へ出頭するよう命じた。京都に戻った稲畑は知事に要請し、京都染工講習所の設立に奔走、一八八六年九月の開設に導いた。そして稲畑は新しいフランスの染色法の教育にあたった。京都は伝統的に染織の町であり、化学知識と合成染料について近代的な設備をもって実験して教育した。さらに稲畑は、日本の実業界の指導者、渋沢栄一に織物会社の創設を説いた。「わが国の生産品で、海外の需要に応じられるものとして第一に挙げられるのは生糸です。しかし生糸のまま輸出していては利益が知れています。これを絹布に加工すれば、利

稲畑勝太郎

益は当然倍加します。ところがわが国で製織される絹布は品質が粗悪なのです。原因はわが国の織布技術にあると思います。つまり機械を使わない手工業であるための弊害なのです。撚糸技術も染色の方法も外国の技術に遠く及びません」と、稲畑は染色技術者の立場から日本の染織技術の未熟さを語り、その改良方法と、国産染織製品を輸出に向けねばならないとする稲畑の理想を説いたのだった。最先端技術を後進指導する傍ら、普及のために官民を挙げた京都織物会社の設立に全力を尽くした。

　こうして、渋沢栄一の賛同を得て、一八九〇（明治二三）年、京都織物会社は京都の産業の将来を担って開業した。稲畑は染色部技師長、留学仲間の近藤徳太郎は織物部技師長、今西直次郎は撚糸技師長で加わった。ここまでは京都府初の留学は成功したといえる。

鴨川より見た京都織物株式会社

　江戸時代、京都は日本屈指の工業都市だった。明治維新後は伝統技術の手工業を欧米の近代技術に接ぎ木して、近代化と職住工混在の近代都市への脱皮を図る努力が開始された。そして西洋文化を取り込んだ、多くの産業施設も建設された。稲畑勝太郎の提案で発足した京都織物会社には、西洋文明が凝縮された姿があった。

　しかし、量産設備として導入した最新機械類のなかには無用のものが多く、しかも手作業の方が迅速で安価にできる仕事にまで機械を動かしているために、無駄な出費がかさみ、経営不振を招いたという理由で、織物会社は稲畑を解雇した。「明日からは出社に及ばず」というのだ。理不尽としか言いようのない会社の処分に憤懣やるかたない気持ちだったが、受け入れるしかなかった。

それから、西陣に手ごろな店を見つけ、「稲畑染料店」の看板を掲げ、独立した。この当時、人造染料はすべて、外国からの輸入品であった。稲畑は、リヨンのジャン・マルナスの力添えで、パリのサンドニー色素および薬品製造会社と直取引きの代理店契約を結んだ。サンドニーの製品はリヨンやその他の地方でも広く使われており、彼自身マルナス染工場で使った経験もあって、品質は保証できた。純良精選の製品を直接輸入し、フランスで学んだ独自の染色法を取り入れ、その使用法を併せて指導することにした。染色技術の改良と製品の向上を図り、染色業界の発展に努めるのを稲畑染料店の理念とした。

同時に使用法まで懇切丁寧に教えてくれるというのだから、染屋に信頼され、染工講習所の教師経験は思わないところで役立った。稲畑染料店は開店早々から順調なすべり出しだった。間もなく彼は京都市内だけでなく、北陸地方の養蚕製織地、桐生、足利など関東地方まで販路を広げるようになった。技術指導つき化学染料販売は、得意先の支持を受けたのである。

三人の技師長を解雇した京都織物会社からは、しきりに稲畑に技師長としての復職を促してきた。織物会社では業績不振の責任をとって、内貴甚三郎社長をはじめ濱岡光哲、田中源太郎ら主な役員が退陣し、代わって渋沢栄一が社長に就任して再建にあたっていた。社員の給料を二割減俸し、不必要経費の削減手段として、高給のフランス人技師も解雇し、指導する人材が不足したのである。稲畑勝太郎はきっぱりと断った。信頼して仕入れてくれる得意先を裏切れなかったからである。

稲畑が優れているのは、技術の移入だけでなく、国産化を目指したことである。輸入にたよっていたものを国産することも、国益上大切なことだ。それには技術を改良して品質の向上を図るのが先決だ。折から刊行された「染色雑誌」や「染色新報」に、勝太郎は次々とフランス式染色法の論文を発表した。少しでも多くの染色業者に先進技術を伝えることが、彼にとって国家社会への貢献であると考えたからである。

稲畑はその後、大阪に本社を移し、西成にモスリンの紡績紡織という新事業を興し、大規模工場を建設して、一八九八（明治三一）年に操業を開始した。さらに染工場を同じ西成に建設し、稲畑産業として大企業化し、近代産業勃興期の申し子になった。

一方の京都織物会社は戦後、経営が破綻して企業としては消滅した。しかし、社屋は京都大学に移管され、京都の近代産業史の一つを記念する建造物として、現在は、京都大学に付属する東南アジア研究センターの事務・図書室棟になっている。

稲畑勝太郎　（一八六二〜一九四九）
京都市中京区の和菓子屋に生まれる。京都師範在学中の一八七七年フランスに留学、染色を学ぶ。帰国後、京都に稲畑染料店（現稲畑産業）を開業。一九一六年日本染料製造の創立に参画、活動写真「シネマトグラフ」

を輸入し、日本に映画を持ち込む。大阪商業会議所会頭、貴族院議員などを務める。

レオン・ジュリーの功績

稲畑勝太郎らを育てたレオン・ジュリー（一八二二〜一八九一）は京都の教育文化だけでなく日本の学術文化に大きな貢献をした人物である。レオン・ジュリーが最初に日本に来たのは、一八六一年であった。幕府が函館に病院建設を計画し、フランス公使ロッシュによってジュリーが選抜されたのである。しかし来日はしたものの、幕末の混乱で病院建設は実行されず、やむを得ずジュリーは長崎に赴き、同地在留フランス領事に任じられた。

レオン・ジュリーのフランス時代に触れておこう。ジュリーはフランスのブーシュ・ド・ローヌ県ラムベスク村で生まれた。父は馬車製造を業としたが、ジュリーはマルセイユで医学を学び、学士の称号を得て、医者になった。フランスでコレラが大流行したとき、ジュリーは身の危険を顧みず治療にあたり、多くの人命を救った。イタリア領事が危篤であったのを助け、イタリア国王から勲章を与えられ、ナポレオン三世からも記念賞を贈られた。さらにクリミア戦争では軍医として三年間従軍し、傷病兵の治療に努め、勲章を与えられている。これらの事実は、ジュリーがいかに自分の職務に忠実な人物であるかを物語っている。

さて、一八六六（慶応二）年、幕府が徳川昭武（慶喜の弟）をフランスへ使節として派遣することになったので、ジュリーは同行して本国での皇帝引見に立ち会うなど、日本のために面倒をみた。翌年、ジュリーは再び長崎に来任した。一八六九年、政府は長崎に広雲館という学校を設置し、外国語の講習を行った。ジュリーは、乞われてそこの教授となり、領事の職務の傍らフランス語を教えた。生徒の中には西園寺公望もいた。ほどなくフランスは長崎領事館を廃止した。そこで一八七一年、京都府は仏学校を設置し、ジュリーを招聘したのである。彼は生徒を公私にわたりよく指導し、そのため入学するものが相次いだという。のちに東京へ移住し、開成学校と外国語学校の教授に任じられたときには、慕って東京へついて行った生徒が数十人もいたほどである。一八七二年、明治天皇が行幸したときには、ジュリーの授業が天覧の栄に浴した。

ジュリーは一八七四(明治七)年の任期終了とともに東京の開成学校(東京大学の前身)の教師となり、一八七七年に帰国するが、京都からのフランスへの留学生八名の世話も引き受け、日本政府の依頼で、マルセイユ日本領事館の名誉領事にもなった。

彼は、京都の近代化を進めるために、足りないところは外国から取り入れ、人材を養成し、国家の益となるようにすべきであると、槇村府知事にフランスへ留学生を送ることを勧告した。ジュリーの帰国に際し、京都府では前述のように稲畑勝太郎ら八人を選抜し、フランスへ随行させ、染色・陶器・製糸を学ばせることになり、ジュリーにその監督を委託した。その結果、留学生は目的を果たし、大成して帰国できたのである。

日本政府はジュリーの功労に対し、勲四等旭日章を贈ったが、京都では一八九二年、彼の遺徳を偲んで、薫陶を受けた実業家稲畑勝太郎らにより記念碑が南禅寺境内に建てられた。同碑は一八九九年、稲畑らの尽力により関西日仏学館内に移された。現在は日仏学館の移転で、山科に新築移転した同館に、ジュリーの碑も移築されている。また、同碑の東には稲畑の半身銅像が立っている。

稲畑によるフランスからの映画の移入

京都人は、伝統技術に革新のエッセンスを加えて、常に新しいものを生み出してきた。稲畑は幅広い見識と才覚と努力で伝統産業を、さらに近代産業へと押し上げたのである。稲畑は、フランス留学の初志を忘れず、ヨーロッパの最新技術を日本で広く紹介することで社会に貢献することを目指し、京都への恩義は忘れなかった。フランスからリュミエール兄弟が発明した映写機のシネマトグラフ（活動写真映写機）を輸入したのもその一つである。

稲畑勝太郎が先鞭をつけた映画はヨーロッパ文化の先駆けとなって、近代京都に新風を注いだ。最初に映画がどんな風に生まれたのか。一八九五（明治二八）年フランスのリヨンという町で、リュミエール兄弟によって発明されたのが、映画カメラと映写機の原型「シネマトグラフ」という機械だった。この機械によって、パリで映画が初めて上映されたとき、白黒でまだ音声もない映画であったが、人びとはその動く写真の迫力に驚いたようで、インパクトは絶大であった。

驚くべき発明品、「シネマトグラフ」に出会った日本人は、フランスに留学していたときに、リュミエール兄弟と友人だった稲畑勝太郎であった。稲畑は京都府が初めてフランスに派遣した留学生の一人で、専門は染色織物分野であるが、二度目のリヨン訪問で、留学先の工業学校での同級生の**オーギュスト・リュミエール**（映写機の発明者・リュミエール兄弟の兄）と再会した。二人が互いに、信頼をもっていたのが縁で、日本へ最初に映画を持ち込むという、日本映画史の第一ページを飾る快挙に繋がった。

さて、映画というのは、アニメ映画もそうであるが、昔も今も原理は同じで、フィルム上に何万という連続した静止画像を載せる。これを動画にするには一分間に二七メートルのフィルムがいるといわれる。このフィルムを一定のスピードで動かせば、見る人には動画に見えるわけである。リュミエール兄弟はミシンからフィルムを送る装置を思いつき、世界で初めて電気のアーク灯を用いた映写機を完成させた。この装置は撮影、現像、映写の三つの機能を併せもつという画期的なものであった。

稲畑はシネマトグラフの日本代理人となる契約を結び、「シネマトグラフ」を二台購入し、映写技師のジュレールという人を連れて、一八九七年、日本に帰国した。

契約内容は、機械代、権利金等については何らの規定を設けず、一興行ごとに総収入の六割をリュミエール側に納付するという約定であった。稲畑に同行したジュレールは映写機械の操作を担当する以外に興行成績を監視する役目を負っていた。そして、早速、試写実験に入るが、映写設備も知識もない時代であり、試写実験は悪戦苦闘を強いられた。電灯などはやっと通ったばかりで、京都電燈会社の長谷川技師や島津製作所の協力を得て変圧器を作り、一月下旬の雪の降るなか、一週間の作業が続いた。「四条河原の野天に於て試写会を開くことに決し、同年二月これを実行したが」「電流が通ずるとカーボンが飛び、危険比上もない有様で、折角の試写も好成績挙げるに至らなかった」と最初は散々であった（『稲畑勝太郎君伝』）。

その歴史的試写実験の場所は当時の四条河原、京都電燈株式会社の庭、今でいう河原町蛸薬師東入ルの北側の関西電力変電所と東で高瀬川に接する立誠小学校（廃校）の敷地と思われる。こうして、苦労を重ねて、一八九七年、日本で初めての映画上映が実現した。庭にスクリーンを張って、「赤ん坊の食事」「リヨン駅に到着する列車」「フランス龍騎兵の行軍」「動物園のライオン」などの映画作品の試写を行った。人が歩く映像や、列車が近づいてくる映像に観客は興奮した。これが日本での「映画」の始まりである。その結果、人びとの娯楽に新しい風を巻き起こすことになった。

そして日本最初の映画興行は、京都、新京極の東向演劇場で一般公開された。上演のフィルムは映画界の黎明期にふさわしい幼稚なものであったが、活動写真ということがめずらしいため、一般市民の好奇心は高く、観客は毎日殺到し、興行は成功した。その後、大阪南地演舞場、道頓堀の角座でも公開された。こうして、京都の映画文化として花開き、一大文化産業となるのにそう時間はかからなかった。「欧米の文化の実況をわが国に知らしむるに最も適当なり…」（勝太郎が友人に宛てた手紙）

という信念が実ったわけである。
稲畑は映画興業を商業として進めていくことは、より専門的に映画に集中することが必要と考え、「シネマトグラフ」を使った映画の興行をフランス留学時代の友人横田万寿之助の弟、**横田永之助**に託すことにした。横田はその後、映画を大衆娯楽として定着させるとともに、映画興行に加え、大阪の興行師・駒田好洋や東京の吉沢商店に対抗して、一九一〇（明治四三）年一一月には京都二条城の南西に日本で最初の撮影所を、さらに御前通法華堂（上京区御前通一条下る）には二番目の撮影所を開設した。この時に横田とコンビを組んだのが、後年「日本映画の父」と呼ばれた牧野省三である。稲畑から引き継いだ横田永之助は映画上映を商業として発展させた、「映画興行の第一人者」となった。

オーギュスト・リュミエール（一八六二～一九五四）
弟ルイ（一八六四～一九四八）とともに活動写真「シネマトグラフ」を発明したフランスの映画発明家、制作者。兄弟で現在の映画と同じ原理でフィルムをスクリーン上に映写する装置を発明、撮影機兼映写機で特許をとった。

横田永之助（一八九二～一九四三）
京都市出身。兄の友人である稲畑勝太郎からシネマトグラフの興行権を譲り受け「横田商会」を設立。映画興行を商業ベースで広めていった第一人者である。牧野省三に劇映画の制作を委託、さらに二条城の南西に「二条城撮影所」を造って「映画の都・京都」の基礎をつくった。

第四章　京都経済を活性化した事業家たち

経済復興で結束した山本覚馬の門人たち

第三章で触れたが、山本覚馬らは京都の商工業の発展の先頭に立って、京都経済界の人材育成に尽くした。そして山本が河原町通三条上ルの自宅に私塾を開くのは、薩摩屋敷から開放された一八六九（明治二）年ごろからである。当初は官員である槇村正直、松田道之、藤村紫朗らに『管見』について講義した。特に松田は山本を慕い、尊敬していた。のちに松田は滋賀県知事、東京府知事を歴任した。続いて、民間からの門人には、のちに京都経済界を担う大物の事業家たちが集まった。濱岡光哲、田中源太郎、中村栄助、大沢善助、**雨森菊太郎**である。これらの事業家たちは山本の隠遁後も、京都の産業振興と経済界の活性化に中心となってリーダーシップを発揮した。中村栄助と大沢善助は新島襄から洗礼を受けたクリスチャン実業家である。中村が山本に師事するのは一八七七年ごろ新島襄の紹介によってである。また、大沢は、山本の紹介で新島に会っている。のちに中村と大沢は、ともに盟友として新島襄の同志社を支えるようになる。中村は山本の講義について次のように述べている。

「当時、山本先生は失明して居られたが、稀に見る識見の士で、河原町御地の自宅では、〔府会〕議員中の有志五六名を集めて、あるいは政治、あるいは経済、法律などに関する講義をして居られたのである。殊に、先生の最も得意とせられるところは、経済論であった」。（『九拾年』）

そして、中村が聞いた山本の経済論は至って簡単明瞭かつ実践的で、「要するに知識と節倹と勉励」が経済の原理であり、「それは恰かも鼎の脚の如く必ず三本揃って居らなければならぬ」というものであった。

大沢善助は行商の傍ら、山本覚馬の家の草縁側や台所の隅で傾聴し、その熱心さゆえに、山本に聴講を許された。したがって正式な門人ではなかった。

雨森 菊太郎（一八五八〜一九二〇）
京都府（山城）生まれ。明治・大正期に活躍した政治家、実業家。（旧姓は岩垣）。三歳のときに雨森善四朗の養子となった。一八九八年衆議院選挙に初当選を果たし、三期務めた。日出新聞（現・京都新聞）社長、京都府農工銀行頭取を歴任。中川小十郎が設立した京都法政学校（現・立命館大学）設立賛助員として同校の設立を後援した。

産業復興のリーダー役・濱岡光哲

濱岡光哲は漢学者、村上作夫の開いた「叡麓舎」を二六歳で引き継いで経営した。このように若くして経営の才に恵まれた。いとこの田中源太郎、中村栄助らと共同して関西貿易会社を興し、京都に本店を、神戸、ニューヨーク、ロンドンに支店を置き、陶器・織物・ブラシなどを輸出し、毛布その他の雑貨を輸入して盛んに貿易業を営んだ。また伊勢湾と大阪湾とを連結した関西鉄道を興した。

また「日の出新聞」を刊行したり、北垣知事を助けて、琵琶湖疏水事業を支援した。そして、一八八二（明治一五）年以来数年を除いて一九二八年まで、商工会議所会頭を足掛け四〇年間務めた。その間、何といっても濱岡にとって白眉なのは、一八九五年の第四回勧業博覧会を商工会議所会頭として、副会頭の中村栄助とともに満身の努力を重ね、誘致に成功したことである。

濱岡光哲

平安神宮

当時の京都は大きな歴史の節目を迎えていた。遷都一一〇〇年、平安神宮の造営、内国博覧会の誘致、そして京都～舞鶴間の鉄道開設が三大事業として推進されていた。

平安神宮は岩倉具視によって、一八八三年、天皇の三大礼は京都御所にて行うことと、桓武天皇の神霊奉祀を京都で行うよう提議されたのを受け、一二年後、平安神宮の祭神として納まった。京都三大祭の一つ、時代祭は同神宮を出発して毎年一〇月二二日に行われる。

また、さまざまな困難を乗り越えて完成した疏水を背景に、博覧会を開催したことは京都産業にはずみをつけ、新たな発展を約束する祭典であった。博覧会の入場者数は一一三万六〇〇〇人に及び、実に京都の人口の三倍であった。これらは京都市民に精神的安らぎを与え「京都復興」の原点になった。

濱岡光哲（一八五三～一九三六）
近代京都の経済振興のリーダー。地元京都嵯峨に生まれる。漢学、洋学を学び政治、経済は山本覚馬から習得。関西貿易合資会社社長、京都日出新聞社主、京都商工銀行を創立して頭取。その他京都商工会議所の会頭を長く務める。衆議院議員などを歴任。

基幹事業を立ち上げた田中源太郎

田中源太郎は濱岡光哲と同年齢の従兄弟であり、山本覚馬門下の事業家としても同志であった。山本塾で、田中が一番能弁で、田中はその才気煥発をよくたしなめられたという。いずれも英才である濱岡、大沢、中村らと机を並べて学んだことが、互いの親交を生み、後の起業で各々が協力し合う関係が生じたのであろう。

田中の経歴については、『田中源太郎翁伝』が詳しいが、その中で濱岡と比較して次のように記している。(『田中源太郎翁伝』)。

「濱岡光哲と比較しての田中の性格である。田中と濱岡との関係について、両者の性格は全く相異なり、田中翁の細心周密、計数の才に長じ、飽くまでも現実に立脚した実行主義者であったのに反し、濱岡翁は放胆にして鷹揚、現在に拘泥せない理想主義者であった。この相反せる性格が、反って長短相補ひ、有無相通ずるの妙機を生み、一事を成し、一業を起こすに当たっては、田中翁は内に、濱岡翁は外に、恰も女房と亭主の如き役割を演じ、共に無くてはならぬ大切な両柱となって、互いに苦を分かち、楽を共にしてきたのは、奇しくも亦床しき因縁ではある」。

このように、田中と濱岡の関係は政治的にも経済的にもほぼ一身同体のような関係であった。しかし、両者の性格の違いは、同じ山本覚馬の門下でありながら早くから新島襄との関わりを持ち、その活動を支援して来た濱岡に対し、田中は、大学設立運動において微妙な対応の違いを見せる。

田中源太郎

また、田中源太郎は桑田郡亀岡の出身で、最初は地元の戸長から府会議員に当選し、政治家に名乗りを上げた。府会で槇村知事と山本覚馬が地方税追徴布達問題で衝突したときには山本側の急先鋒となってこれを阻止し、「府会に田中あり」と一躍名を上げた。

田中の経済活動であるが、田中は、一八八四（明治一七）年京都株式取引所を皮切りに数多くの会社の役員になる。それらの会社は、京都商工銀行を金融の核として、京都電燈会社、京都倉庫会社、京都陶器会社、関西貿易会社、京都織物会社、北海道製麻会社、関西鉄道会社など多数にのぼる。明治一〇年代後半から二〇年代初頭にかけて勃興してくるこれらの会社の多くは、北垣府政の民間資本育成政策のもとで大きく伸びた企業であった。そして、田中が関係した会社は当時の北垣府政にとって、さまざまな恩恵を受け、いずれの会社も、濱岡光哲、大沢善助、内貴甚三郎、中村栄助が株主、役員で関与していた。

なかでも力を入れたのが京都と舞鶴とをつなごうとした京都鉄道である。それ以前に敦賀湾と大阪湾とを連絡する鉄道を計画していたが、政府から待ったをかけられ、その代替の鉄道として実現することになったのである。

工事は嵯峨～園部間が難工事で莫大な経費負担となり、この区間が全通したのは一八九九年八月であった。園部以北はとりあえず中止になった。しかも不運にも田中源太郎は、一九二二年、郷里の亀岡から京都へ鉄道での帰洛の途路、清滝川鉄橋上流の地点で列車の脱線転覆事故で川中に墜落し、七〇歳の生涯を閉じた。京都経済界にとっても多大な損失であった。

ＪＲ亀岡駅から西南に少し歩いたところに田中源太郎の生家がある。そこに田中の子孫は現住せず、現在その大邸宅は、料理旅館「保津川観光ホテル・楽々荘」として受け継がれている。広大な庭園は、当代の庭園師小川治兵衛によって造られている。邸宅内の洋館は二階建ての煉瓦造りで、ちりばめられた数々の装飾は、明治中期、京都府の納税額のトップに位置した田中の往時の繁栄ぶりを思わせる。

田中 源太郎（一八五八～一九二二）
京都府旧桑田郡亀山北町生まれの政治家、実業家。京都の多くの基幹企業の設立と経営に関与した。衆議院議員当選三回、貴族院多額納税者議員。

西洋技術を発展させた起業家・島津源蔵

京都の工業化推進のため、一八七〇（明治三）年一二月に加茂川の西に設けられた、舎密局ではオランダ人のヘールツ、ドイツ人のワグネル等を教師として雇用し、理化学その他の実験教授が始まった。そこでいち早く指導を受けたのが、仏具製造業の島津源蔵であった。

島津源蔵は一八三九年五月一五日、醒ヶ井魚棚（現在の堀川六条付近、西本願寺近くの町）で仏具三具足の製造をしていた父・清兵衛の二男として生まれた。清兵衛は筑前の医師の家の出身で、幼名利作を名乗っていたが、二〇歳のとき京都に出て、醒ヶ井通魚棚で仏具三具足の店を開いた。

島津家はもとはといえば、播州姫路の城主・黒田孝高に仕えた侍大将井上力郎右衛門之房の一族で茂一といい、一五〇〇年代後半には播州に住んでいた。一六〇〇年、関ヶ原の戦いがあったとき、戦いに敗れた薩摩の城主・島津義久が瀬戸内海を薩摩に向かう途中、突然のシケに見舞われた。この義久の危機に舟を出して救助したのが、初代の惣兵衛尉茂一であった。義久は厚意に感謝し、以後、島津姓を名乗り、家紋の轡印「丸に十」を使用するのを許したといわれる。したがって島津という氏も、家紋も元は島津藩のものということになる。島津惣兵衛尉はのちに筑前に赴き、周防の代官になり、二代目七左衛門尉からは医師を開業した。源蔵の父清兵衛は九代目太七の長男であったが、姉はるの婿養子に家督を譲り、京都に出てきたのだった。

島津源蔵は高瀬川の北端の木屋町通二条上ル、西生州町に、実父から習った仏具製造の鍛冶屋を開業した。開業早々から島津の技術は認められ、千本閻魔堂引接寺の狂言用大鰐口や、東福寺八角堂頂の宝珠などの納入実績からもわかるように、当初は受注も順調であった。しかし、時代が明治維新になると、政府からの太政官布告で神仏分離令が出され、続いて起こった廃仏毀釈は島津源蔵に決定的な打撃を与えた。

島津源蔵

源蔵は仏具の鍛冶職に見切りをつけ、一八七五年から理化学器械の製造に転身した。舎密局ができたおかげである。これが「西洋鍛冶屋」島津製作所の創業につながった。

明治期、今の河原町通は大通りでなく木屋町通の方が主道路であった。

しかもここは高瀬川一之舟入り、高瀬舟の起点であり、当時の舟便の重要性を思えばまさに交通の要衝でもあった。それゆえに近代科学振興施設の中心地になったのはうなずける。この一角に島津製作所のルーツの建物があり、現在は島津創業記念資料館として、その面影を今に残している。現在「ベンチャーのまち」「ハイテクのまち」などといわれる京都であるが、その原点の一つを築いたのが、島津製作所の創業者・島津源蔵である。勤勉で旺盛な知識欲をもっていた源蔵が、この環境と周辺施設の影響を受けないはずはなかった。関心が家業の仏具鋳造から理化学、精密機械へと移っていったのは自然の成り行きといえる。

舎密局への日参と独学が始まる。ずらりと並んだ新しい輸入機器は、彼の才能をふくらませることになる。何よりも舎密局のゴットフリード・ワグネルに直接指導を受けられたことが、島津にとって製品化に大きな影響を与えた。さらに島津はそれら近代科学施設の責任者・明石博高と出会い、人材のあっせんなど援助を得られたのも貴重であった。

このような時代の転換期にあって、老舗の仏具職人だった島津源蔵は、「これからの日本は科学力によって発展すべきだ」という理念をもつに至る。各学校から持ち込まれる舶来の理科器械の修理を手がけ、その先進性を目の当たりにするうち、西欧技術のみに頼らない日本独自の科学技術を確立しなければならないと考えるようになったのである。

そして、西洋知識に基づく理化学器械の一つひとつに挑み、創業二年目の一八七七（明治一〇）年に「錫製ブージー」と呼ばれる手術用の細管部拡張器を開発した。この「医療具ブージー」を東京で初めて開催された内国勧業博覧会に出品、審査員の驚嘆の目を集めて見事、大賞に選ばれた。そして、その後七年間で約一一〇種類以上のオリジナル製品を世に送り出した。

さらに、第二回内国勧業博に出品した蒸溜器、排気機、マグデブルグ半球は驚くべき技術の結集であった。そして、当時の学校用の物理、化学の実験器具は島津の製品で占められるようになっていった。このような技術を磨き、続々と製品の開発に拍車がかかった背景には舎密局とワグネルの存在が大きかった。

ワグネルは一八三一年、ドイツ・ハノーバーに生まれ、ゲッチンゲン大学を卒業し、一八六八年来日して長崎で石鹸製造、有田で陶磁器製造の指導にあたった後、東京大学の前身、大学南校などで物理学、化学を教え、そうして舎密局に招聘された。

源蔵父子はワグネルの助手となり、貪欲に西洋の科学技術を吸収したのはいうまでもない。源蔵の長男、梅治郎は父より早く起き、夜遅くまで手伝い、知識を吸収した。

梅治郎は修理のために次々と持ち込まれてくる外国製の機械を見るたびに、「なんで日本人にこないな機械が作れんのやろか」と父に聞く。「作れんのやない、機械の勉強した人がおらんのや」この何気ない源蔵の一言に梅治郎は奮起し、独学を決意する。

時に、父の代理でワグネルに直接教えを乞うこともしばしばあった。学校に通う余裕も時間もなかったわけである。小泉武則から通学を勧められて一時は一〇歳で、銅鉈校に学んだが、これも長くは続かなかった。父に連れられて舎密局に通う方が面白く、学問も吸収できたからである。利発さに加えて向学心が旺盛であり、理化学の書物はほとんど洋書であるから、梅治郎はフランス語の物理学の本の図や絵を眺めて想像をたくましくし、舎密局、府の学務課に所蔵されたガノーのフランス語辞書を一字一字引きながら理解に努めたという。ある程度理解が進むと、ワグネルをつかまえて質問を浴びせかけるようになった。梅治郎にとって、ワグネルは最先端の知識を教えてくれる、願ってもない教師だったのである。

学校といっても、当時は学制が敷かれたばかりで、高い知識を教えるわけではなく、英才教育はむしろ早くから英学、洋学から知識を吸収する方が実学として、効果が高かったことは事実である。まさに梅治郎は個人レッスンに近く、英才教育を舎密局で受けたことになる。今日の学歴相当でいえば、工学部大学院理化学専攻科卒業というレベルまで到達していたものと思われる。

このような努力が実り、梅治郎は一六歳で、一年前にイギリスでウイムシャートスが発明した感応起電機（静電誘導を利用して高電圧を発生させる装置）を日本でいち早く完成させた。本の中の図解と、たった一枚の挿絵から完成させた。翌年、京都博覧会に出品して展示されたが、人びとは初めて見る電気の火花とパチパチという音に興奮したという。

この感応起電機を見た時の文部大臣・森有礼は「これが一六歳の少年の作とは」と、その才能に驚嘆したという。同じ頃、都おどりの会場が初めて点灯されることになり、梅治郎は大倉組のイギリス人技師の助手とともに、その作業にあたった。そのとき使われた発電機は一八七九（明治一二）年、輸入されたばかりのエジソンが発明した移動用発電機で、梅治郎は一目で原理とその操作法を理解し、イギリス人技師を感心させた。

一八九四年、島津製作所は、工場も拡張、三〇人を超える職人をかかえ、自宅の工場横に大陳列室、実験場を新築した。ようやく、源蔵父子により初期の事業基盤が整ったのである。二代目島津源蔵は梅治郎が二六歳の時に継承した。

初代が理化学器機の製造に情熱を燃やしたのを受けて、二代目源蔵も科学技術に対する好奇心と探究心、そして起業家精神は尽きることがなく、その後も画期的な新技術や製品を生み出し、特許の取得は一七八件にものぼった。まさに「日本のエジソン」と呼ばれ、その終生を科学技術の発展に捧げることとなったのである。

父であり、師であった源蔵の死という傷心のなかで、二代目源蔵はデスチャネルの原書をもとに一八九五年、蓄電池極板の試作に成功する。

一八九六年には、村周範為三高教授の協力も得てレントゲン装置を完成し、レントゲン博士がレントゲンを発見した一〇カ月後に、日本で最初のX線写真の撮影を行った。高圧電線には自作の感応起電機を使った。「島津の電気」と呼ばれるこの機器を動力として日本で初めてX線写真の撮影に成功し、これがきっかけとなり、日本の医療用X線装置は急速に発展、普及していくことになるのである。

一八九七（明治三〇）年、二代目源蔵は蓄電池の製造に着手し、その性能向上に力を注ぐ。その成果は一九〇五年、日露戦争で発揮された。五月二七日、暗夜の日本海上でバルチック艦隊を発見した哨戒船信濃丸は積み込んだ島津の蓄電池を電源とする無電機から、あの第一報、「敵艦見ゆ」を連合艦隊に打電したのであった。

一九一七年、彼は蓄電池工場を分離、独立させ日本電池を設立した。商標のGSは、Genzo Shimadzu の頭文字GSを取ったものである。翌一九一八年にはドイツ・チュードル社の専売特許である鉛粉による蓄電池に対抗して、みずから島津式鉛粉製造機を開発、よりすぐれた蓄電池、世界に誇るGSバッテリーを完成させた。その後、電池の塗料部門からは大日本塗料が、蓄電池利用のフォークリフトの日本輸送機などが生まれた。

一九二〇年、産業用大型蓄電池のための、易反応性鉛粉製造法を発明し、日本だけでなく、アメリカ、イギリス、フランス、ドイツなどでも特許を取得する。このような島津製作所の成功事例は舎密局を設置した目的に適う最大の成果といえるだろう。

島津 源蔵（一八三九〜一八九四）
島津製作所の創業者、また日本の発明家。没後に息子の梅治郎が後継者となり、二代目・源蔵となった。一八七七年、京都府は科学思想啓発のために国内初の気球による有人飛行を仙洞御所の広場で行った。五万人の観衆の前で三六メートルの高さまで気球は浮上し、成功した。これによって源蔵の知名度は大きく向上した。

電気事業・時計産業の先覚者・大沢善助

大沢善助は大沢商会の創立者で、新島襄から洗礼を受けた敬虔なクリスチャンであった。同時に、大沢は、電気事業界の先覚者であり、かつ京都の政財界に大きな影響力をもった元老といわれた人びとの一人であった。明治中期から大正期にかけて、京都の元老といわれた人びとは、大沢によれば、田中源太郎と内貴甚三郎と濱岡光哲それに大沢の四人であり、『田中源太郎翁伝』の著者によれば、この四人と雨森菊太郎を加えた五人である。この五人の事業家たちは、きわめて密接な関係をもって活動するが、大沢の場合、この五人の中では、立志伝的側面の強さとキリスト教に基づく宗教上の信仰の強さにおいて際立った特徴を見せている。

大沢善助

大沢は、一八五四年二月九日、御所の堺町御門に近い上京区富小路通丸太町下ル桝星町（現京都地方裁判所）に、大垣屋音松の次男として生まれた。幼名は松之助、母は梅といい、大沢五歳の時に死去する。

八歳になった松之助は麩屋町通姉小路の島田永介塾に入門して、習字、算術を習う。一八六七（慶応三）年、大沢一四歳の時、大垣屋請負の彦根藩の六角過大宮西入ル下宿所なる某寺で賄方帳場役を務めている。

折しも、翌年一月鳥羽伏見の戦いに始まる戊辰戦争が勃発し、大垣屋は会津藩御用達であったため主人清八は逃走し、家業は壊滅する。そのため大沢は、大垣屋に勤めることを辞めて、堀川出水角米穀商松村重兵衛のもとに奉公に出た。

この頃、名を藤助と改めた。商人として苦難の船出である。それから二年後の一八七〇年、本家大垣屋に相続人がなかったため、大垣屋清八の養子になり、一七歳で清八と改名している。なお、維新により苗字を用いることになったので、大沢清八となった。その後米相場師を本業とするようになり、善助と改めた。そして、一八七五年一月、善助は再び大沢家に復帰して相続人になる。しかし、この復帰は別居して営業をなすという条件であったため、寺町丸太町下ル下御霊前町に借宅し、大沢家より資金援助を受けて再び白米小売商を開始した。同じ年、寺町丸太町上ルに同志社英学校が開設される。この時、山本覚馬の紹介で英学校の米は大沢が納入することになり、大沢自身が米を担いで英学校に運んだ。このことが大沢の大転機になる。大沢と新島との出会い、そして大沢とキリスト教との出会いである。

一八七九年、大沢善助は最初の公職、上京区第二五組小学校学務委員になり、二年後に連合区会議員に当選した。そしてさて、大沢が名実ともに京都の大実業家になっていく契機は、北垣知事による疏水工事を積極的に支援し始めたことである。府議会の疏水常務委員となり、五年後、当初の計画から発展し、水力発電という新しい機能を備えて完成した。一八九〇年に、京都時計株式会社を設立し、翌年一一月、琵琶湖疏水によって生じた電力を使用して時計製造を始めた。日本で初めて電力を使用した会社である。大沢は琵琶湖疏水事業に深く関わり、時計製造に電力を使用したのは利用推進の宣伝のためでもあった。さらに一八九二年一月、京都電燈会社（一八八七年創立）の社長に就任したのである。この京都電燈会社は、直流方式から水力電気一三〇〇燈の機械を使用し、電気方式を改めることで見事に事業を拡大し、大会社になった。

大沢が事業家として傑出しているのは、産業基盤としてのエネルギー、交通というインフラから人びとの生活に密着した時計、自転車まで幅広く扱ったことである。そして、事業が成功した背景には、実利主義的立場から京都府下の人心の政治的組織化を図ることを目的に組織された、京都公民会の中心メンバーとの連携と結束が大きい。中心メンバーに濱岡光哲、雨森菊太郎、内貴甚三郎らがいた。公民会は京都府政界では、明確に当時の京都府知事北垣国道の与党であった。明治一〇年代後半から二〇年代初頭の企業勃興時に、田中が頭取を務めた京都商工銀行（一八八六年創立）を金融の核として、北垣京都府知事から陰に日なたに支援を受けた。

京都電燈会社社長就任後、大沢の活躍は顕著である。果断な実行力、勤勉に裏付けられた卓抜な経営の才は、電力需要の年を追っての拡大という状況にも支えられて遺憾なく発揮される。京都電燈会社では、一九二七（昭和二）年までの三七年間社長を務め、大津や福井に支社を置くなど、その経営を成功に導く。この間、多くの会社の創設に参加し、またその役員になる。例えば一八九四年京都電気鉄道株式会社取締役、一八九五年名古屋電気鉄道株式会社取締役、一八九九年京都陶器株式会社取締役、一九〇一年釜山電燈株式会社取締役、一九一〇年京都電気鉄道株式会社社長、一九一九年日本水力電気株式会社取締役、一九二〇年大同電力株式会社取締役などである。電気事業が中心の会社である。

また、大沢善助は博覧会出品の外国製品に関心を示し、各メーカーと代理店契約を結び「大沢商会」として本格的な貿易に乗り出した。当初の取扱商品は自転車、石油ランプ、食器、蓄音機などであった。このように、時計製造から始まった大沢の個人経営は、一八九六年、三条小橋に新店舗を開設し、さまざまな輸入戸として香港・シドニーに支店をもつに至る。これらは後に長男徳太郎に受け継がれる。

大沢善助（一八五四〜一九三四）

クリスチャン実業家。大沢商会創立、京都電燈会社社長。京都府、市政にも尽くす。同志社創立以来の協力者で、特に女子部の存続支援を続ける。

たばこ王・村井吉兵衛の事業拡大

天文年間にたばこがわが国に渡来して以来、喫煙にはもっぱら刻みたばこが愛用されていた。しかし、明治中期に至り文明開化の世相を反映して、紙巻たばこによる喫煙が流行し始め、その製造もさかんとなってきた。刻みたばこは手作業によって作られていたが、明治時代以降、紙巻たばこの普及によって、日本のたばこ文化は大きく変わった。刻みたばこをキセルで吸う喫煙風俗は、都市を中心に手軽な紙巻たばこへと移行したからである。それと同時にたばこ産業は、大都市を中心に、手工業から、工場生産へ、そして生産力の向上による量産へ入り、近代産業の仲間入りをした。

そのなかで、「たばこ王」と呼ばれたのが村井兄弟商会の**村井吉兵衛**である。一八九〇年からアメリカで流行していた両切り紙巻きたばこの製造に日本で初めて成功した。一八九一年のことで、「サンライス」と名づけられた。このサンライスには女性や風景が描かれた「たばこカード」がついていて人気を博し、大ヒットした。

村井吉兵衛

村井吉兵衛が紙たばこ製造に成功した背景にはエピソードがある。吉兵衛は風邪をこじらせ、隣に住む中村栄助の紹介で同志社病院に入院した。中村栄助は一八九五年の第四回内国勧業博覧会の京都誘致に奔走し、第一回衆院選で代議士に当選している。当時は新島襄の同志社創立にも関わり、府会議員であった。中村の紹介ということもあり、J・C・ベリー院長（七章で詳述）が直接対応した。吉兵衛は院長入院中、安静治療が苦手で、ベッドを抜けてはベリー医師の部屋に入り込み、アメリカの話を聞いた。

ある日「何かたばこに関する書籍を貸して欲しい」と頼んだところ、ベリーは分厚い英書を取り出し、「これを読んでみないか」と勧めた。表題には『百科製造法秘伝』とあった。彼は早速、翻訳を堀俊造医師に頼み、和訳をむさぼり読んだ。

アメリカのたばこ製造のための知識の数々をもとにヒントをつかんだ村井は、わが国初の両切りたばこ「サンライス」の開発に意欲をもった。そして、妻の宇野子の協力も得て、一八九〇（明治二三）年一〇月に、ついに完成した。村井は早速ベリーに報告し、ベリーも喜んで、名前も「サンライス」とすることに賛成した。

「サンライス」が順調に売り上げを伸ばしていくなか、村井はみずからアメリカに渡り、葉たばこの栽培から紙巻たばこの製造、さらには販売や宣伝方法まで調査した。ここでアメリカ葉の輸入ルートを作った村井は、帰国後、アメリカ葉を使ったたばこの製造を開始した。そして、一八九四年三月に発売されたのが、両切紙巻たばこ「ヒーロー」である。

それ以来、村井兄弟商会は、たばこ産業の雄として売上増大とともに資本を蓄積し、近代的な会社形態をとるようになった。一八九九年の二月一二日の日出新聞では「村井商会の三一年の純益七〇万から八〇万円という。京都商人には無類成功ならずや、否、全国中に在りても屈しすべき利益ならん…」と報道され、事業は日の出の勢いであったことがわかる。村井はさらに、アメリカでの商品研究、上海への販売拠点設置をする一方、村井カタン糸会社、東洋印刷株式会社など関連会社をつくった。こうして事業の拡大とともに、産業、経済の中心である東京に本社を置く必要があると判断し、東京芝に新工場を建設するとともに本社を港区芝田町に移転した。

しかし、一九〇四年「煙草専売法」により、原料葉たばこの買い上げから製造販売まで国の管理（製造専売）に移行することになった。一私企業の創立以来の商権、莫大な資産の継承などの解決には英国と米国を巻き込んで多難な交渉が続いたが、結局賠償総額の二四四九万五六三一円のうち、村井商会受領分は一一二〇万円であった。この中の権利賠償に相当するものは、一年の平均売上高（当時九〇〇万円）の二〇パーセントの一八〇万円であった。

村井兄弟商会の工場、建物は専売局専売公社の京都工場として使用され、村井の技術がそのまま継承された。このタバコ専売法の施行後、村井吉兵衛は実業家として、東京へ本拠を移して活躍することになった。円山公園には村井吉兵衛が別荘として建てた「長楽館」が残っている。

「たばこ王」の名をほしいままにした村井吉兵衛が、たばこにたずさわったのは一五年間で、日露戦争さなかの一九〇四年三月三一日に村井の事業は政府の手に移るのである。

村井は補償をもとに村井銀行を設立、続いて帝国製糸会社を興した。さらに、村井汽船、村井貿易と次々に事業を興した。そして、当時京都にはホテルがなかったので、内外賓客のための迎賓館として提供しようと、京都人である村井吉兵衛は「故郷への錦」として長楽館を建てた。自分の贅沢の別荘ではないのである。村井吉兵衛はみずから国民外交家を任じ、東京では、千代同区永田町（現都立日比谷高校敷地）に一九一六（大正五）年、純日本式本邸を建築し、外国賓客を招いていた。

村井はアメリカ人との交流も多く、ハイカラ洋風を好み、進取の精神に富んだ事業家であるが、日本の伝統文化を愛好する京都人でもあった。東京本邸の一部は、一九二九年比叡山に移築され、延暦寺庫裏、貴賓館としてその偉容をとどめている。

村井吉兵衛（一八六四〜一九二六）
京都の煙草商の二男として生まれる。明治初期、行商でお金を得た吉兵衛は、煙草の製造を開始し、一八九一年日本初の両切り紙巻きたばこ「サンライス」を製造、発売。続いて発売した「ヒーロー」は、五年後に年間生産量日本一を達成する大ヒットとなり、「煙草王」と呼ばれた。

実業家、政治家から教育家になった中村栄助

商人の子として生まれた**中村栄助**は、「素町人のせがれ」であることを誇りとする反骨精神をもっていた。徳川幕府が倒れ、明治維新になり、時流は西洋文化の取り入れと産業振興であると自覚し、実業界における雄飛を夢みて、動き出した。

そのころ行灯の時代もそう長くはないと栄助は直感し、ポツリポツリと現れかけたランプに目をつ

け、上原治郎兵衛、一井政七と三明社を結成し、アメリカ・ホーブス社、イギリス・ジョンソン社と契約して石油の輸入販売を始めた。しかし、なにぶん貿易に関する知識が一般的に乏しかった時代であったので、やがて外国商社との間に取引契約をめぐって悶着を生じ、和解が得られないままに、イギリス領事の裁判にゆだねられた。結果は、勝訴を固く信じて疑わなかった中村の期待に反して、敗訴になった。

このとき、まったく憤懣やるかたのない中村の心情に、敗訴になった理由が、別に天の啓示ともいうべきひらめきを与えたのである。すなわち代言人から、「西洋では裁判の開始前に聖書に手をおいて虚偽の申立てをしない誓いをする習慣がある。この裁判でも外国商社側はその誓いにしたがい自己に都合の悪かった点も白状したのに対して、中村側は、本来勝つべき理由をもちながらも、その申立てにしばしば虚偽や粉飾を交えたことが却って意外な敗訴を招くことになった」と聞かされたのである。もともと日本の商人は、しばしば相手に嘘を言い、装飾を加えて、相手をごまかしてこそ商売ができるものと考えていたきらいがあった。その驚きと反省が、中村栄助をキリスト教の研究へと導く最初のきっかけであった。

中村栄助

さて、前述したように中村は、一八八七年に、覚馬塾の仲間で、生涯、交友の絶えなかった濱岡光哲、田中源太郎らと関西貿易会社を設立した。翌年、アメリカ・ニューヨークに支店を設けるべく中村は渡米した。建前は貿易の商用だったけれど、大きな目的は最先端をいくアメリカ水力発電事業の視察であった。疏水工事技師の田辺朔郎、**高木文平**と現地で、完成後の夢を語り合った。

帰国した栄助を待っていたのは憲法の発布と国会開設であった。翌年の第一回総選挙に上京区から立候補した濱岡光哲と組み、下京区から立候補した。結果はわずか六七票差で、中村は衆議院議員に当選した。

ところで、中村栄助の政治家への一歩は一八七九（明治一二）年、京都市下京区の区会議員になってからである。初代市会議長を務め、二年後に府会議員となった。槇村知事から北垣知事に代わると疏水建設工事に全面的に協力、濱岡光哲らと内国博覧会を誘致、平安神宮大極殿造営では近畿地区だけでなく東京まで資金募集に飛び回った。中村が関わった京都電鉄の市電も市中を走り、博覧会は大成功を収めた。以後も中村は府会議長を務め、財界興隆に活躍する。

後半の中村は、新島からの「中村さん、同志社を頼みますよ。今後の同志社のため、私に代わって十字架を負うて下さい」の言葉を忘れることなく、新島亡き後の同志社において教育、学校経営にあたった。同志社と中村栄助との関係は、中村自身が回顧録『九拾年』で、「私と同志社との関係は、私が新島先生を知るようになってからであるが、しかし、正式に同志社という一つの教育団体の一人に加わったのは、同志社の社則が制定された明治一六年二月以後のことである」と述べている。初めて新島襄に接し、新島のキリスト教精神に深く傾倒して、その生涯の方向を決定づけることとなった。理事として同志社運営の最高責任を負う五人のうちに加えられたのは、三四才のときであった。以来、中村は三度、学園紛争で、総長代行を務めるなど同志社のために貢献した。特に晩年に至って一切の公職を辞した中村であるが、ただ一つ同志社理事の職だけは心から大切にして務めた。

中村栄助（一八四九～一九三八）
京都出身の明治～昭和時代前期の政治家、実業家。京都市長を務めた高山義三の父。家業の油仲買商を継ぎ、新島襄の側近として同志社運営に尽くす。一八八九年初代京都市会議長、一八九〇年衆議院議員（当選二回、政友会）。一八九二年京都商業会議所副会頭。

高木文平（一八四三～一九一〇）
丹波国北桑田郡神吉村（現在の南丹市八木町）で、旗本武田兵庫の代官も務めた豪農の長男として生まれる。琵琶湖疏水による水力発電に貢献し、京都商工会議所の初代会長、京都電気鉄道会社の初代社長など、明治時代の京都経済界を牽引した一人。

第五章　舎密局をベースに近代化を進めた明石博高

恵まれた環境で最新知識を習得

槇村正直の参謀としての助言者は山本覚馬であるが、槇村には直接の部下として、殖産政策を推進する上での執行責任者として、明石博高という得がたい人物がいた。槇村も山本も他府県の出身であるが明石は地元・京都の出身である。

明石博高

明石博高は一八三九（天保一〇）年京都の薬問屋に生まれた。先祖は代々京都に居住しており、医薬を業としてきた。明石の祖父善方は、西洋の医学および化学的製薬法に通じた人で、そのころの進歩的学者の一人であった。彼の母方の祖父松本松翁もまた、かなり名を知られた学者であり、文政・天保の頃（一八三〇年前後）から、当時最新のオランダ医学を学び、宇田川榛斎とか藤林晋山などの名だたる学者とも交遊関係にあった。さらに、維新前に来日したツンベルグ・ヅーフ・シーボルトなどの外国の学者からも知識を吸収し、こうした関係から、書籍・器械・薬物などを手に入れ、これを愛蔵した。

このような恵まれた環境に育った明石博高は、幼少のころからおのずと、各分野での知識を習得している。明石は、不幸にも、五歳のとき父と死別したが、その後、祖父から西洋医学や化学的製薬法を教わるとともに、宮本阮甫、武市文蔵からオランダ語を、柏原学介から病理学を、新宮冷閥から一般医学、殊に解剖学を、また、辻礼輔から化学・製薬法・測量法を、桂文郁・田中深山から漢方医学、本草学をといった風に、和漢洋にわたって、主として自然科学方面の勉学に励み、知識を習得した。

明石は、このように医学・薬学を中心とした諸方面の勉強に熱中したが、決して学問のための学問にだけ終始した人ではなく、むしろ、理論を実践に移すことに情熱を燃やした。一八六五年に、同志の人びとと相談して「京都医学研究会」というものを興し、別にまた、その翌年には、「練真舎」の名のもとに、理・化学、薬学などの研究会を始めている。しかも、明石は、一八六八年、大阪にできた「舎密局」に伝習生・助手として勤務し、かなり多忙の身であったが、京阪間を往復して、みずからも学ぶとともに、一般の啓蒙にも力を尽くしたのだった。このような有望な人材を当時の府当局が見逃すはずがなかった。

明治元年から大阪にできた舎密局に伝習生、助手として勤務し実践を経験して、明石が初めて京都府に勤務することになったのは、一八七〇年十月のことである。それ以後の主な経歴としては、「翌一八七一（明治四）年一月、京都府小属（勧業掛）。同一一月、療院掛兼務。一八七二年二月、京都府権大属。一八七三年一月、京都府大属。一八七六年一月、勧業課舎密掛兼庶務課医務掛。一八七七年一月、京都府一等属。一八七八年六月、衛生事務担当兼務。一八八〇年、衛生課兼務。一八八一年一月一四日、化学校長兼務。同月二七日、化学校長兼務差免、同日依膜免本官」というものであった。これからでもわかるように、彼の役職は、彼がかねて専攻した医学・理化学の分野から、勧業・衛生方面に変わってきたわけである。

舎密局に産業振興を賭ける

明石が活躍の場とした主なものは、何といっても、舎密局である。今でいう化学局、工業試験場のような施設である。明石が京都府に勤務することとなった一八七〇年一〇月、河原町二条下ル旧長州藩邸の敷地に、この舎密局が創設されている。もともと、この創設そのものが、かつて大阪の舎密局に伝習生・助手として関係した彼の建議に基づいたものであり、明石がその中心人物として活躍することになったわけである。この舎密局というのは、先にも述べたが、理化学、特に化学工業の研究・普及を図ることが、京都の工業振興の基礎であることに着眼して創設されたものである。その中心人物として、明石の就任は、まさに適材適所というべきものであった。同年一二月末のこの開局に際して、堅苦しい文章であるが、明石の祝辞を掲げておこう。

『大政維レ新ニ、文明ヲ称シ開化ヲ唱フルハ輿論ノ基ク所ニシテ、彼ノ欧米諸邦ノ文化ナル所以ノ者ハ、蓋シ舎密窮理ノ学術開聞ニ根拠スレバナリ。今ヤ我京都ハ聖上御東幸、一千哉ノ華洛モ一朝凋然萎靡シ、膣ルニ堪ヘザル在リ。若シ都民ノ自適ニ放任シ看過セシ歟、後チ復タ救フベカラザラン。本府義ニ見アリ。百治励策ヲ講ジ、大ニ尽スアリ。又、生ヲシテ舎密窮理ノ学事ニ関ラシメ、都民ヲ教導スベキヲ命ズ。因テ生ガ歴年経ル所ノ器具典籍ヲ挙ゲ、舎密所開設ノ議ヲ申請シ、既ニ本日京都舎密所仮局開業ニ及ベリ。都下ノ万衆ヨ、明府ノ誠意ヲ了シ、来テ斯道ノ要ヲ需メ、知識発達ヲ図り、産業隆昌ノ域ニ至ラン事ヲ。

明治三年十二月二十有二日　　　　京都府出仕　明石博人博高』

これによって、明石がこの新設の機関にいかに多くを期待したか、また、明石自身の抱負のいかに遠大であったかも知ることができる。なお、「生ガ歴年経ル所ノ器具典籍ヲ挙ゲ」云々とあるのは、いうまでもなく、前述した明石がかつて設立した「練真舎」に苦心して蒐集した諸器具・文献をすべてこの新設の機関に提供し、その基礎としたことを示すものである。なおここで、右の開局にすぐ続いてこの翌一八七一年二月、同じ旧長州藩邸の敷地に、府下の勧業事務を総轄する役割をもった勧業場も創設されている。この両者が、密接不離ともいうべき関係にあったのである。

さて、この舎密局での事業に関しては、前に一応説明したのでここで繰り返さないが、試作品、薬物の検査・証明といい、さらには石鹸・氷糖・毒薬・劇薬などの製造といい、進んでは、鉄砲水（ラムネ）・ビールなどの目新しい飲料、陶磁器・七宝焼・硝子・漂白粉・顔料などを製造する。これら

舎密局

多くの事業の企画・立案・実施は、おそらく明石の企画、発想から出発したものと見られる。次章で詳述するが、一八七八（明治一一）年三月から、ワグネルのような有能な人物が参画して、素晴らしい業績を残している。このような人物を京都へ招くことができたこと自体、おそらくこの局を主宰していた明石の着目・奔走によるものと推察される。また、ワグネルに思う存分活躍させ得たのも、これに十分の理解と学識のある明石のような人物が、この地位にあって支援したからである。

その他の工業振興機関のどれもが、大なり小なり、明石と関係があったものである。なかでも一八七五年一一月創設の「染殿」などは、まったくこの舎密局に所属していたもので、京都の伝統を誇る染物の再出発のために、当業者の子弟を教育・養成するために、理化学上の新知識と新技術を教授したものであった。明石が熱心に学んだ知識と深い関連があり、彼自身、直接指導者の一人であったとみられる。また、同年五月に始められた「化芥所」なども、後には「授産所」に移されたが、初めは舎密局内に設けられたもので、市内各戸から集めた塵芥を処理し、その中から有用な物品を選び出し、これを分析化成して有用物質に還元する、あるいは肥料を製造することを目的としていた。これなども明石の着想とみられるが、わが国でのリサイクル、人造肥料に先鞭をつけたものとして、注目に値する。

なお、彼が専攻した、本来の家業でもあった医薬に関しては、一八七五年二月、舎密局に官立の「司薬場」を併置し、薬物検査を実施する。オランダから必要な器械・薬品を輸入して、模範薬局として「アポテーキ」（合薬会社）を設置して、医薬分業の先駆けとなった。さらに、一八七二年一一月には府立療病院・医学校を、一八七五年七月には京都癲狂院を南禅寺の境内に設立した。わが国最初の公立精神病院である。一八七六年六月には駆黴院《くばいいん》（娼妓の性病感染の検査、治療する病院）、一八七七年一〇月には避病院（伝染病専門病院）をといったふうに、当時必須とされながら、これまで欠いていた施設を、相次いで創立するとともに、医師試験・薬舗開業・医務取締・種痘証符などの諸制度を立案・実施した。

以上の事業の積極的な政策の実行を見てみると、明石は、研究に熱心であると同時に、これを実行に移す実践の人であったことがわかってくる。このことは、さらに事業欲にまで発展しているのである。例えば石鹸の売出しに舎密局は「石鹸は油とアルカリの化合したもので、上等のものは飲めば胃を丈夫にし、便通をよくする。毎日浴用につかえば、体が美しくなる…安心して使ってもらいたい」と広告を出した。さらに、一八七二年二月、明石は、府下相楽郡の有市村での木津川で炭酸泉を発見し、これによって、丸山の吉水に炭酸泉場を設置し、また木津炭酸と名づけて舎密局から発売したりした。

そして何といっても明石博高は西陣織の復興にも力を入れた。先に勧業策の一つとして河原町二条下ルの旧角倉屋敷に設置した勧業場に織殿、染殿を設け、新しい技術導入を図った。

心血を注ぎきった舎密局

京都の近代化に、その優れた知識とユニークな発想で関わり、行動を起こし、実現していったのが明石博高である。しかし槇村知事から北垣国道知事に交代し、北垣知事の新事業縮小・廃絶政策に、活躍の場を奪われ、槇村知事に殉じて府から身を引くことになった。

明石博高は、明治初めの名地方官としての槇村正直の良い協力者として、いわゆる縦横に手腕を振るった人物であった。維新京都の貴重な人材、指導者の一人として、新島・山本・槇村たちと並べるにふさわしい人物であり、数々の業績を残した。

明石は舎密局に心血を注いできたので、優れた若い人材も次々に育っていった。廃止される舎密局を惜しむ声も大きく、再び舎密局、伏水製作所の払い下げを受けてみずから経営にあたることになった。しかし、どの事業も本来もうかる事業ではなかった。業績は上がらず、不振が続いた。特に伏水製作所は不運に見舞われた。向島の工場は最新の諸機械を完備した機械製造会社であったが、一八八四（明治一七）年、大阪の造幣局から韓国の貨幣鋳造機の発注を受けたが中止となり、それが打撃となって、倒産のやむなきに至ったのである。

このように、明石博高は優れた科学者、起業家であったが正直すぎて、必ずしも事業家としては向いていなかったようである。いわば清貧のうちに、しかし、悠々自適の心境で、一九一〇年に逝去した。

第六章　近代陶磁器工業の父・ゴットフリード・ワグネル

ワグネルの来日と万国博覧会

G・ワグネルは一八六八年に来日し、延べ二四年の長きにわたって滞在し、一八九二年に東京で没した。墓は青山墓地にある。明治の産業振興、新文化の建設に、外国人（お雇い外国人）が貢献したことは明白である。このことは、近代産業振興に先駆した京都でも、もちろん、例外ではなかったのである。とりわけ、ゴットフリード・ワグネル（一八三一〜一八九二）は、まさにその第一人者といえる人物であった。

京都では前述したように京都の工業化推進のため、舎密局を一八七〇年一二月に加茂川の西に設けた。しかし一八七六年八月、これの指導にあたっていたゲールツが辞職し、その後任として適当な人物を探す必要が生じていたが、このワグネルの名声を伝え聞いた府当局により、彼に白羽の矢が向けられた。同年に、ワグネルはフィラデルフィア万国博覧会終了後の去就が決まっていなかったので就任を承諾した。

ワグネルの京都滞在は、わずか三カ年の短い期間にすぎないが、その文字通り不朽の業績というべきもので、その貢献は各方面にわたっている。まず、ワグネルが京都へ来たいきさつをたどってみよう。

ワグネルが日本へ来たのは、日本で事業をやるためであった。一八五九（安政六）年、ワグネルは上海のアメリカ商社ラッセル商会に就職し、この会社が一八六八年日本の長崎に石鹼製造の工場を建てることになり、ワグネルはそのために長崎へ派遣されたのである。こうして、この年の五月一五日、長崎に着任した。しかし製品開発はうまくいかず、工場は軌道に乗らずに廃止されてしまう。その後、佐賀藩主・鍋島直大の招きで佐賀藩に雇われて一八七〇年四月から半年ほど、有田町で窯業の技術指導にあたった。ここでは石炭を用いた経済的な釉薬の開発や、従来使われていた呉須に代わる安価なコバルト顔料の使用、薪不足を解決するための石炭窯の築造実験などを行い、科学的手法により有田焼の近代化に影響を与えた。

ゴットフリード・ワグネル

このような短期間での成果が評価されたワグネルは、佐野常民の推薦を受け、一八七〇年一一月、大学南校（現在の東京大学）のドイツ語教師として月給二〇〇ドルで雇用され、東京に移った。翌年の文部省設立と大学改組により、医療系の東校（後に東京医学校、現・東京大学医学部）の数学・博物学・物理学・化学の教師となり、月給も三〇〇ドルに増額された。一八七〇年に設立された工部省は、巨額の財政的投資を鉱山、鉄道、電信、化学、土木、製鉄などに行い、その関連での「お雇い外国人」の果たした役割は大きかった。一八七二年頃の政府の契約だけでも、実に二一四人に達していた。

一八七三年のウィーン万国博覧会では、事務局副総裁の佐野常民の強い要望で東校と兼任のまま「列品並物品出所取調技術指導掛」になり、博覧会への出品物、特に陶磁器などの選定や技術指導、目録・説明の作成を行った。

ウィーン万博終了後、随行者の中から納富介次郎など留学の支援を行い、さらに博物館の準備調査や機器購入のために、オーストリア、ドイツ、フランス、イギリスを歴訪している。一八七四年一二月に帰国後、博覧会および化学工業、農林、食料について調査報告書を提出するとともに東京博物館創立の建議を行った。

また、博覧会の前に佐野常民に建議した工業技術教育の場として、開成学校（南校が改称）に製作学教場が設けられ、ワグネルはその教師となった。さらに翌年には工部省の仕事を兼務し、一八七六年のフィラデルフィア万国博覧会に日本の委員として派遣されている。

近代化に欠かせない高度な技術指導

ワグネルはドイツのハノーバーで、一八三一年にハノーグエル地方の一官吏の子として生まれた。幼少から明敏な頭脳の持ち主であり、一五歳のときに数学・自然科学の研究を志し、生地の工芸学校に学び、三年後には進んでゲッティンゲン大学へ入学した。この大学には二年間在籍し、数学者カール・フリードリヒ・ガウスや物理学者ヴィルヘルム・ヴェーバーらの指導を受け、教員の資格を得た。ワグネルが特に傾倒し、終生変わらない敬慕の念を抱き続けたのは、数学者のガウスであった。先生のガウスも、彼のことを『自分が指導した百人の新進数学者のうち、第一人者』と賞讃した。さらにベルリン大学で数学・物理学・機械学・地質学などを一年間学んだ後、学位論文をゲッティンゲン大学に提出し、ガウスらの審査を受けて二一歳の若さで数学・物理学の博士号を取得した。その頃、全ヨーロッパに革命の嵐が吹き、ビスマルクの台頭でドイツはオーストリアと対決するなど政争が続き、不安定な時期であった。

一八五二(嘉永五)年にワグネルは政治的理由から亡命に近い立場でパリに移住し、ドイツ語の個人教授や寄宿学校の数学教師を経て、パリ中央電信局の翻訳官となった。ここでフランス語をはじめ、イタリア語・スペイン語など各国の言語を習得するが、一八五七年にリウマチを患い、これが生涯の持病となった。この後、政治家サンティレールの秘書を経て一八五九年頃にスイスのラ・ショー＝ド＝フォンで工業学校の教師になり、同時に機械工作などの研究を行うが、学制改革に伴って一八六四年に職を辞して義兄と建設事業を興す。リウマチの悪化で翌年に仕事を辞めてカールスバート（現・カルロヴィ・ヴァリ）で療養した後、パリで弟と化学工場を始めるが、不調に終わった。

そして、来日した契機も有機化学に関わっていたわけで、有機化学は日本におけるワグネルの仕事の中核になっていた。一方、製作面で特筆すべきものは、一八八七年以降、東京職工学校（現・東京工業大学）内に試験場を移して、旭焼を完成に導いたことである。ワグネルの化学的功績をこのように見てくると、ワグネルは活動の場を一国に限らず、多国語を話し、数学・物理学博士の学位をもちながら、学者に専従せず、建設業や化学工場、窯業を興すなど、理論だけでなく、みずから実践してきた。そしてそれが、彼の持ち味であった。その点からいえば京都府の明石博高に非常によく似ている。まさに、西洋文明を取り入れた日本の産業振興と技術指導者として、最適な人材であったといえるだろう。

京都舎密局で誠心誠意指導にあたる

京都は勧業政策で府当局の指導者の努力が実り、先進的に進めて実績が上がっていたが、さらに長崎、佐賀での実践指導、博覧会の企画、運営実務など実績のあるワグネルを京都に招致するのに成功したわけである。京都府は月給四〇〇円とし、舎密局で化学工芸の指導や医学校（現・京都府立医科大学）での理化学の講師を委嘱した。

彼の京都着任は、一八七八年三月のことであるが、京都舎密局では工業化学関連品の製造技術の普及も職務に含まれており、**永樂和全**の協力を得て陶磁器、七宝、ガラスの製法などを指導した。陶磁器については、薪と石炭の双方を燃料とし、火熱を二段階に利用して第一段階で本焼成、第二段階で素焼きのできる新式の陶器焼成窯を発明し、耐火煉瓦を用いて局内に新造した。一八七九（明治一二）年には五条坂に陶磁器実験工場を建設し、青磁の焼成を試みている。また、それまでの七宝の不透明釉に替わる透明釉を開発し、京都の七宝に鮮明な色彩を導入した。

京都舎密局では理化学器械の製造も手がけており、理化学その他の実験教授が始まった。そこで、いち早く、指導を受けたのが仏具製造業の島津源蔵であることは前述した。ワグネルがいなければ現在の島津製作所は存在しないといっても過言ではない。この頃に贈った木製旋盤が島津創業記念資料館に現存する。

ワグネルは、京都にあって、一方で医学校において理・化学を講義するとともに、他方で、舎密局に勤務し、化学・工芸に関して、種々実地の製作上の指導を行った。特に応用、製作面でのワグネルの熱意は大変なもので、陶磁器・琺瑯・硝子器・石鹸・染色・機械等の製造がその主なものであった。特に、七宝焼の着色術の改良などは、顕著な成果といえる。単なる研究だけにとどまらず、これを実地に応用することを忘れなかった。

指導方法も非常に懇切丁寧で、いわゆる至れり尽くせりの感があった。例えば、後の島津製作所を興し、斯界に貢献した島津源蔵（初代）なども、彼の指導のもとに旋盤の使用方法その他を会得し、これを実地に応用することを学んだものだった。また、梅津製紙会社など（後に、王子製紙に合併）は、わが国の洋紙製造の先駆をなした一つであるが、創設の際の機械の購入・据付けなどではワグネルの指導、援助が不可欠であった。

舎密局の陶磁器実験工場は、五条坂にあったが、後に有名になった永樂和全、入江道仙なども、当時ワグネルから親しく指導を受けた。

ワグネルの勤務ぶりは、きわめて厳正・熱心なもので、例えば、喫煙なども自宅ではたしなんだが、勤務先では決して口にしなかったという。

永樂和全（一八二三〜一八九六）
京焼の陶芸家。千家十職の一つ、土風炉師・善五郎の十二代目である。江戸後期を代表する陶芸家の一人永樂保全（十一代善五郎）の長男で、幼名は仙太郎。茶碗から香合、平皿などさまざまな作品を手がけている。赤絵、交趾焼、仁清などの写しに優れた技量を示した陶芸の第一人者。

京都の七宝焼を活性化

京都には桂離宮、曼殊院の襖の引手や釘隠し金具等、また本願寺黒書院やその他京都の寺には、あちこちに七宝の引手が今も残っている。桃山時代から江戸期にかけて金工職人たちの手により、そうした技術が綿々と伝えられてきたのである。

明治初期、京都には江戸時代から続いた吉田屋と錦雲軒という七宝屋の二つの流れがあった。国の重要文化財である島原の角屋の釘隠は七宝製のものもあるが、これは吉田屋製である。錦雲軒の七宝製造の流れは、もともとは陶芸の窯元で、陶器と七宝を併せて製造販売していた。

一八七一（明治四）年、錦雲軒代表の尾崎九兵衛が中心になり、**並河靖之**、稲葉七穂、村尾勘三郎らも参加して河原町三条の加賀藩屋敷跡に京都七宝会社を設立した。その後、錦雲軒は稲葉七穂の個人経営となり、のちの稲葉七宝店の基礎となった。

ワグネルは舎密局では、数々の科学技術を伝習したが、もともと製造基盤のあった京都の七宝にも技術的に大きな影響を与えた。ワグネルは七宝粕薬の開発を進めたほか、狩野派の絵画を学び、その図柄を七宝に生かした新たな発想で京都の七宝界を活性化させた。また、ワグネルは、それまでの七宝の不透明釉に替わる透明釉を開発し、京都の七宝に鮮明な色彩を導入し、日本の七宝に美術的、技術的改良を加え、それを世界に紹介した。

ワグネルは陶工尾崎九兵衛、並河靖之、稲葉七穂等を通じて技術の向上とともに、新製品を生み出した。特に並河靖之は青蓮院宮（のちの久邇宮）近侍として朝彦親王に仕え、ワグネルの技術指導で開眼した。その後も修練を重ね、一八七五年の京都勧業博覧会、一八七七年第一回内国勧業博覧会をはじめ内外の博覧会などで受賞を重ね、一八七八年ごろから七宝工場を造り、七宝に専念した。並河は、東京で活躍した無線七宝の濤川惣助とともに明治七宝界を代表する作家であった。

並河は、梶常吉の系譜を引く有線七宝の技術と、黒色透明釉の発明や金・銀線を用いた筆致をも表現する細緻な線置きによる精巧な文様表現から生まれる日本画的な作風で新製品を創った。それらの作品は、ワグネルの努力でヨーロッパへ輸出された。当時京都には多くの職人を抱えた七宝の製造場数は一七カ所を数えた。こうした七宝業界挙げての努力により、京都の七宝は、明治三〇年代まで成長を続けた。そのピークは一九〇〇年で、生産高は七万二三四七円になっていた。同年は、パリで万国博覧会が開催された年である。この万博を席捲したのはアール・ヌーヴォーという造形表現様式だった。日本の七宝は、ジャポニズムの風潮のもとに欧米で人気があり、アール・ヌーヴォーに先行したのである。

並河靖之（一八四五〜一九二七）
明治・大正の七宝工芸家。京都生まれ。並河靖全の養子となる。あくまでも伝統的な有線七宝を基本とし、その特色を生かした技法を考案した。光沢の強い華やかな絵の具を用いて真鍮の細線で精緻な文様を描き、その上に絵の具をのせていく手法は、無線とは違った美を表出し、濤川と並んで七宝界の双璧と称えられた。一八九六年には帝室技芸員に推挙された。

吾妻焼・旭焼の創始

一八八一年、北垣国道知事が着任し、官業の払い下げを進めることを決断し、舎密局なども売却された。二月にワグネルの雇用契約も終了した。その後、ワグネルは五年半にわたり、東京大学理学部の製造化学の教師として勤め、一八八四年からは東京職工学校（現・東京工業大学）で窯業学の教師も兼任した。一八八六年、東京工業大学で陶器破璃工科が独立し、ワグネルはそこの主任教授に就任した。

そしてワグネルの業績で評価が高いのは、みずからが理念の実践として新製陶器の創作を実行に移したことである。しかも、古画の絹や和紙に描くように、つまり生き生きとしたタッチで濃淡自在に描くために、粕薬の上に絵を施す上絵付技法ではなく、器に絵を描いてから粕薬をかけて焼成する「粕下彩技法」を用いていることである。この粕下彩技法は、当時、欧米でも用いている製陶所は少なく、ドイツのマイセン、フランスではセーブルなど、限られた製陶所でしか使用されていない最新窯業技法であった。

一八八三（明治一六）年頃、ワグネルにより、東京大学において植田豊橘を助手に、新製陶器の研究・試作が始められた。その目的は、日本画のもつ筆の勢いや濃淡自由な表現をそのままに、陶器の絵付けを粕薬の下に施した（釉下彩技法）陶器を創作することであった。その製法は、素焼きにした素地に膠水を塗り、テレピン油で溶いた洋絵の具で絵付けを行い、一度カラ焼きをして膠や油分を飛ばし、その上に低火度の釉薬《うわぐすり》をかけて焼成し完成するものである。

一八八五年に、東京で開かれた繭糸織物陶漆器共進会へ「ファイアンス陶器」として出品され、翌年の龍池会主催の第七回観古美術会出品作には「吾妻焼」の名称がつけられた。一八八七年以降は東京職工学校内に試験場を移した。吾妻焼から旭焼への改称のきっかけは、東京府工芸品共進会に出品されたものに吾妻焼と同じ名がついていたからだという。

一八九〇年に渋沢栄一らの出資により、旭焼組合がつくられ、東京深川区東元町に旭焼製造場が設立された、一八九四年までは植田豊橘を主任に、同年から平野耕輔を主任に迎え、暖炉装飾用陶板などが制作された。しかし、一八九六年には製造所を廃止し、その施設設備は瓢池園に吸収されたともいわれる。ワグネルが病気で、直接指導できなくなったのが原因である。一八九〇年からワグネルはリウマチに悩まされ、ドイツに一時帰国した。温泉などで療養した後、一八九二年一月に帰日し、勅任官の待遇で復職したが再発を繰り返し、ついに快復せず、一〇月には病床に伏せることになる。勲三等瑞宝章が贈られた後、一一月八日に東京・駿河台の自宅で亡くなった。

彼が壮年の三七歳、慶応四年五月にわが国に来てから、まさしく四半世紀という歳月を、日本の近代工業の発展に尽くしたわけである。後になって、京都だけでなく、日本の化学工業界の躍進と進歩を担い、それを実現させた貢献者である。日本の化学者の多くはワグネルの指導を受けた人びとであった。東京大学で彼の教えを受けた一人で、工学界の大家となった**中沢岩太**は、ワグネル博士にわが国の「化学工業ノ開祖」の尊称を捧げるべきだといっている。

中沢岩太（一八五八～一九四三）
福井県出身。応用化学者。一八八三年ドイツに留学。一八八七年帝国大学教授を経て京都に在住する。一八九七年京都帝大理工科大学初代学長、京都高等工芸（現京都工芸繊維大）校長。窯業などの発展に尽くした。

第七章　琵琶湖疏水など京都のインフラ整備

北垣国道による疏水事業の決断

槇村正直第二代知事と山本覚馬京都府顧問のコンビで京都復興の足がかりができ、勧業策は進展した。しかしその歩みには弱点があった。京都はエネルギー源である石炭の産地からも離れ、輸送力が不足し、工業化による近代化の進展が鈍かった。京都には内陸都市という立地条件からくる悩みがあったのである。古来水利、水運に欠けた都市は発展しない。京都は千年の都で人も物も集まって来たが、交通は不便であった。

江戸が繁栄したのは、町の中を流れる多くの川、そして江戸湾があり横浜、横須賀という外港があったからである。一方、京都には鴨川・桂川があるが、水量が少なく輸送力がない。大阪湾を利用しようとしても距離的に遠すぎる。

この弱点を克服するために計画されたのが疏水計画であった。琵琶湖の水と京都を結び、さらに宇治川・淀川を通じて大阪湾と結ぶ輸送路と輸送力を確保することであった。原料の乏しさと、輸送手段、電力などエネルギー確保が課題として残った。琵琶湖と京都を水路で結び、水を引くこと、つまり、疏水こそ京都府民の悲願であった。

一八七二（明治五）年槇村知事は西陣織の輸出策として、琵琶湖の水を利用して水車を作り、これによって機械化しようとしたが、京都府会の同意を得られなかった。知事の強烈な個性と強引な手法は、小野組転籍事件や地方税追徴布達事件などを引き起こし、知事は元老院議官に転ずることとなった。後任の第三代知事に北垣国道が一八八一年に就任した。

北垣知事は疏水事業をみずからの最大の政策と心得て、行動を起こす決断をした。北垣は一八七一〜一八七四年にかけて北海道開拓使として活躍し、この時期、札幌で豊中川の水利、運河の施工をした経験があった。このとき、米人技師ブロン・フィールドに学んでいる。だから琵琶湖疏水計画には積極的な意見をもち、自信もあったようである。一八八二年、三年がかりで完成した猪苗代湖の安積疏水工事の通水式にも参加し、参考にした。設計はオランダ人技師ファン・ドールンで、工事主任は南一郎平農商務省一等属であった。

北垣は琵琶湖疏水調査に、南一郎平を指名し、依頼することにした。これと並行して、中央政府をはじめ、隣接府県にも疏水について打診したが、必ずしも賛意を得られなかった。また、外人技師も信頼できず、しか

北垣国道

も外国人技師を雇うとなると莫大な経費がかかるため、日本人の力でやってみようと決心する。

北垣はまず府庶務課長の会津出身・東伍一を通じて、山本覚馬に諮問する。山本も賛同し、その財源に、産業基立金（お土産金）を一〇万円、その利殖分を合わせ六〇万円が拠出可能であると提言した。この山本の支援が北垣を勇気づけた。

それでは北垣国道とはどのよう人物かを簡単に触れておこう。一八三六年生まれだから、坂本龍馬と同い年である。但馬国養父郡熊座村（現兵庫県養父郡養父町）で庄屋北垣三郎左衛門の長男として生まれた。七歳のとき養父郡宿南村の儒者池田草庵の門（青谿書院）に入り、漢学を中心に青年期まで学んだ。同門には後に同じように新島襄と親交を結び、資金面でも支援する、北垣の遠縁の**原六郎**（当時は進藤俊三郎、後の横浜正金銀行頭取）がいた。一八六八年一月には新政府軍の北越戦争に加わり、功により鳥取藩の応接方を経て、明治政府に出仕し、一八七一年、北海道開拓使に入った。このとき、黒田清隆、榎本武揚との親交を得る。その後、熊本県大書記官、内務省、庶務局長を経て、高知県令、徳島県令を兼官する。そして、一八八一年、北垣は第三代の京都府知事に任命され、一一年半の長きにわたって京都府政を主導していくことになるのである。

北垣の地方行政家としての手腕と識見は当時群を抜いていて、その特長は地方によって異なる民意と実情を把握する「任地主義」をとったことである。その意味では槇村前知事の「干渉主義」とは対照的であり、府政では独裁的権力行使を避け、府会と円滑に議論し、民主的な運営に留意した。

原六郎（一八四二〜一九三三）
但馬国朝来郡佐中村（現兵庫県朝来郡朝来町佐中）で生まれた。本名は進藤長政という。一八七一（明治四）年、因幡藩からアメリカへ派遣され、そのまま留学。米国イエール大で経済学、金融論、銀行論を修め、一八七七年帰国後第百銀行を設立、一八八三年横浜正金銀行頭取となった。四六歳のとき、北垣京都府知事の世話で土倉庄三郎の長女富子と結婚。

琵琶湖疏水に青春を賭けた田辺朔郎

北垣は府知事に就任して三カ月後、早速、地理掛に命じて疏水路の予備調査をやらせ、早くも京都のインフラ整備の準備に入る。地理的条件からして、疏水運河の開削が京都隆盛の必要要件と見ていたからである。

資金の見通しが立てば、残るは設計、工事の技術的問題の解決である。北垣が北海道開拓使出仕時代、同じ釜の飯を食った仲の大鳥圭介工学部大学校長に相談したところ、適任者として**田辺朔郎**を紹介された。田辺朔郎はみずからの卒業論文が「琵琶湖疏水工事計画」であった。二人が意気投合するのに時間はかからなかった。田辺朔郎の情熱に満ちた話しぶりに、北垣知事は二一歳の青年技師に事業を任せることを即座に決断した。

そして、田辺朔郎は一八八三年、京都府御用掛准判任官になった。そのとき二三歳で、月給四〇円であった。

疏水工事は、水車動力、船運、灌漑、精米水車などの多目的な効用を図るためとし、総工費一二五万円で疏水開削工事に着工した。京都府の年間予算が五〇～六〇万円の時代であったから、その費用から推測しても、想像以上の大事業であった。このうち二五万円は、特別税というかたちで京都市民が負担した。まさに市民挙げての大工事だったのである。そして、その初めての測量は一八八一年四月、起工式は四年後の一八八五年六月に行われ、足かけ九年にも及ぶ大工事が着工された。

この琵琶湖疏水工事は設計も工事もすべて日本人の手による初の事業であった。工事は初期の府の直轄工事のほか、東京の大倉組、大阪の藤田組（後に両社は合併し、日本土木会社になる）、京都建築組の三社に請け負わせた。

滋賀県の大津市、三井寺近くから長等山をトンネルで抜け、山科盆地の山麓、いくつかのトンネルを流れ、日ノ岡山のトンネルを抜ける経路、なかでも長等山の第一トンネルは長さが二四三六メートルで、最も難工事と予想された。この工事に田辺は日本で初めて「シャフト工法」を採用した。まず、二本のシャフト（たて坑）を掘り、その底を左右に掘り進めるとともに、トンネルの入口と出口からもシャフトに向け掘り進めるという方法である。湧き水などもあり、第一シャフト（深さ四七メートル）を掘るだけでも一九六日間、左右のトンネルの貫通までに

田辺朔郎

四年近くの歳月を要し、犠牲者も一七名を数えている。

工事は予想された通りの難工事、作業は重労働の上、人手も足りず、一時は刑務所の囚人までも動員したという。また、資材の調達も大変であった。ダイナマイトは、イギリスとドイツからの輸入に頼り、セメントも大半は輸入で補った。トンネルの天井などを支える柱や壁板木材のために、木材工場も新たに一〇カ所建設した。また、約一四〇〇万枚を必要とした煉瓦については、堺（大阪）の一カ所だけでは間に合わず、山科に煉瓦工場を新たに建設した。北垣は新島襄と、アメリカの工業技術を取り入れようと相談している。破石薬を琵琶湖疏水工事のために、新島がアメリカから取り寄せて応援している。

計画途中で水力発電事業が計画に組み込まれ、六〇〇メートルの傾斜鉄道インクラインも完成し、一八九〇（明治二三）年四月、通水式が華々しく行われた。当時は技術の進歩も早く、途中から蹴上に発電所を建設し、水力発電を行うことが追加された。総工費も当初は六〇万円が倍の一二五万円を上回った。蹴上発電所の構内には「水力電気事業発祥の地」の碑が建っている。

さらに工事は進められ、一八九四年に琵琶湖と淀川が疏水を通じて結ばれ、北陸や近江、あるいは大阪からの人びとや物資の往来で大いに賑わい、一九一一年には、渡航客約一三万人を記録した。一方、貨物の運送量も一九二五年には、史上最高の二二万三〇〇〇トン、一日約一五〇隻を記録した。

琵琶湖疏水は、田辺朔郎をリーダーとする日本の技術者が、西洋文明、文化を吸収して完成させた、最初の近代的大土木事業である。この工事の完成によって、後進国扱いされていた日本の土木技術が世界的に認められ、内外の博覧会から技術展示の要請が相次いだという。近代京都のインフラは、この疏水工事の完成で確かなものとなり、市民に大きな発展の希望が生まれたことは間違いない。

田辺朔郎（一八六一〜一九四四）
工部大学校（現・東京大学工学部）を卒業。土木技術者としての代表的業績は、琵琶湖疏水の設計、施工工事。日本で最初の水力発電所を蹴上に完成させた。京都帝国大学教授、京都市土木顧問などを歴任。

日本で最初に路面電車が開通した京都

京都では日本初の水力発電が行われ、蹴上発電所で発電された大量の電力を確保するのが容易になった。そしてその電力のおかげで高木文平、大沢善助らが電鉄や電燈会社を興し、市内に点在する工場の動力が電化され、日本最初の路面電車開業へとつながり、各民家には電灯が灯ることになった。

一八九五（明治二八）年の第四回内国勧業博覧会では七条停車場から伏見まで京都電気鉄道株式会社による、わが国最初の電車が走る。その後、京都駅前から鴨川東方の岡崎まで延長された。岡崎で開催予定の内国勧業博覧会への足として、大阪から淀川を船で来る客を見込んでのことであったが、開業当初は京都駅付近の軌道がつながっていなかったため、乗客は踏み切りを渡って乗り換えなければならなかった。

一方、京都市によっても一九一二（明治四五）年の四路線七・七キロメートル開業を皮切りにして独自に路線建設がなされ、それと競合することになった京都電気鉄道は、均一運賃制への移行のためもあって、事業を統合することになり、市へ一九一八年に買収され、京都市内の交通は市電に統一された。京都駅前の塩小路通に面したところに「電気鉄道事業発祥の地」の碑が建っている。

京都電気鉄道買収後、路線は戦後に至るまで延長され、最盛期は七六・八キロメートル、車両三五一両の路線となったのである。当初、京都電気鉄道は琵琶湖疏水による水力発電によって電力が供給されたため，疏水の流れが止まると，電車も休止となった。蹴上発電所の機械故障や琵琶湖の増水などによって，たびたび電車の走行が止まったといわれる。しかし、一八九九年，東九条村（現南区東九条東山王町）に石炭による火力発電所が開設され、その発電により送電が安定し、輸送能力は一気に向上した。その後も、京都観光、市民の足として親しまれてきたが、車社会に次第に圧倒され、京都市電は都電荒川線を除く、大都市の公営の市電のなかで最後まで残ったものの、一九七八年の秋に長い歴史に幕を下ろした。

市内電車が開通する一八年前の一八七七年二月五日、京都・大阪・神戸間の鉄道開業式が明治天皇臨席のもとで開かれた。翌日には、赤煉瓦造二階建ての京都停車場が開設された。一八八〇年には、京都～大津間の鉄道が開通する。一八七七年と一八八〇年の二つの開通には大きな違いがあった。前者が測量・工事など、イギリス人雇人技師の指導によったのに対して、後者は基本の測量を除けばすべて日本人よって行われたという点である。また、後者のために大谷・大津間に掘られた逢坂山トンネルは、日本人による最初のトンネル建設であった。この京都・大津間の鉄道は、一日一〇往復運行された。

また、奈良鉄道は一八九五年、京都・伏見間、翌年四月、京都〜奈良間が一日一二往復で開通した。この奈良鉄道は、経営不振により一九〇五年には関西鉄道会社に合併され、さらに「鉄道国有法」により、一九〇八年に国有化となり、省営関西線・奈良線になった。

一方、京都〜舞鶴間鉄道は、一八九三年七月に設立申請された京都鉄道株式会社によって、敷設が行われ、難工事のなかで、一八九九年八月ようやく京都〜園部間が開通した。しかし結局、京都鉄道の資金難のため、舞鶴までは国鉄の手で工事され、一九一〇年に開通した。

このようにして、近代京都再生のためのインフラ整備は着実に進展し、水道、電気、鉄道の整備は、産業振興に大きな支援になったばかりか、人と物の移動を確実に容易にし、都市圏の拡大と観光の促進をもたらした。こうして北垣知事の執念は実ったことになる。

第八章　新島襄が持ち込んだキリスト教と民主主義

山本覚馬に対するアメリカン・ボードの接触

山本覚馬の先見性について第三章で触れたが、山本は以前から、キリスト教への関心が高く、新島襄の同志社の創立、維持、発展という大事業も、この山本覚馬という人物の心からの協力によって初めて可能になったといえる。新島一人では決して同志社の開校はなかったといえよう。第二章で述べたように、山本覚馬の所有地約六〇〇〇坪（いまの同志社キャンパスの中心地）の提供が府の認可、文部省裁可に大きな後押しとなったことは間違いない。新島自身も米国での恩人ハーディーに宛てた手紙で「当時第一流の思想家として、世人の尊敬を受けた人物であり、この人の力をまって、京都の伝道と学校の創設は可能でした」と記している。

さて、山本覚馬に対する接触はアメリカン・ボードによって始められた。宣教師の**O・H・ギューリック**は一八七一（明治四）年にアメリカン・ボードの一員として来日し、神戸を本拠地として、

D・C・グリーンやデイヴィスと三人で活動を開始する。オランメルは当初、大阪にステーションを設け、みずから大阪に移って伝道にあたる計画をグリーン、デイヴィスに話して了解を得ていた。

ところが、一八七二年五月、京都で第一回京都博覧会が開催されることになり、前述したように、京都は外国人の立ち入りが認められていなかった内陸地域であったが、その期間に限って外国人に開放されることになった。早速グリーン夫妻、ギューリック夫妻が京都を目指し、彼らはまず神戸から蒸汽船で大阪に行き、少しでも国内をよく見るために、徒歩で京都に向う。五月八日、彼らは警官一〇〇〇人という警戒の中を京都に入った。ギューリックは彼らがザビエル時代以来、初めて京都に入った宣教師であり、夫人や子どもは同地最初の西洋人であった。ギューリックは各地を視察して、すっかり京都が気に入り、ボードのステーションを京都ステーションにすることを考える。博覧会の会期が二カ月延長されたので、とりあえずギューリックは七月までの滞在が可能となった。五月二七日、四人目の宣教師として、前述した、後に同志社病院の院長になるJ・C・ベリーが神戸港に到着した。ベリーはジェファーソン医学校で医学を学んだため宣教医となることを望み、アメリカン・ボードに応募したのだった。ベリーは到着してすぐに、**M・L・ゴードン**とともに京都に向かい、五月三〇日デイヴィス、ギューリックとともに京都府顧問山本覚馬と会談した。

この会談の中心の話題は、ボードの「京都ステーション」の可能性についてである。つまり、京都でのキリスト教伝道の可能性についてである。山本覚馬は、日本政府はキリスト教に門戸を開くだろうという見通しを述べ、現在は政府がキリスト教を認めていないから人びとに説教することはできないが、人びとが宣教師の家を訪ねてきた場合、その人にキリスト教を語ることは可能であると語った。公衆に話すことが現状ではできない以上、ステーションにはできないというのが、デイヴィス、ギューリックの見解であった。

一方、山本覚馬は会談で、ベリーに、診療所の必要性を熱心に語り、もしとどまってもらえるなら、京都府は政府にベリーの居留を願い出ると申し入れた。山本にとっては京都府が開設する京都療病院が念頭にあってのことである。

もし京都をステーションとするのなら、三人から六人の宣教医を含む宣教師が必要であった。しかし結局ギューリックは大阪に退去となり、ベリーも当面神戸を活動地として選んだため、アメリカン・ボードの京都ステーション構想は崩れた。そしてギューリックは京都に来てから、いったんその決意を翻して京都滞在を試みたが失敗したので、当初の計画どおり七月大阪に落ち着いた。

しかしながら、京都府の実力者、山本覚馬と会話が進み、その後の新島襄による山本との接触の地ならしができたのは事実である。山本がキリスト教への興味を持ち始めていると感じたゴードンは、そのとき、山本に読んでもらうために、マーティンの『天道遡源』を贈呈した。この博覧会を機に、アメリカン・ボードによる京都への関心が高まり、「カレッジ程度のトレーニング・スクール」の開設は、大阪、神戸でなく京都を第一候補とすることを決議した。

O・H・ギューリック（一八三〇〜一九二三）

ハワイに生まれる。アメリカン・ボード宣教師。一八七一（明治四）年来日。神戸のD・C・グリーンとともに伝道に従事。京都ステーション設立のため山本覚馬と折衝、新島襄の同志社創立の地ならしをする。最初のキリスト教出版物『七一雑報』を創刊。後に同志社大学神学部教授になるシドニー・ギューリックは甥にあたる。

M・L・ゴードン（一八四三〜一九〇〇）

南北戦争に三年間従軍後、アンドヴァー神学校へ入り、一八七一年卒業。その後一年間医学を学んでからアメリカン・ボードの宣教師として来日。一八七九年から同志社で実践神学、社会学などを講じ、二〇年間教壇に立つ。M・F・デントンを同志社女学校に誘う。

開学の地を京都に選ぶまで

アメリカン・ボードの京都ステーションの最初の構想はつぶれたが、新島襄と山本覚馬によって同志社が創立されたことにより、京都ステーションはようやく実現した。

新島襄がなぜ京都に同志社を創ったかには、二つの理由がある。一つはアメリカン・ボードの伝道拠点が関西にあったこと、そしてもう一つは京都府顧問、山本覚馬の存在であった。一八七〇（明治三）年三月、米国外国伝導委員会（アメリカン・ボード）の最初の派遣宣教師としての任命書を携えてD・C・グリーン夫妻がプロテスタントでは六番目の教派、二〇人目の宣教師として来日し、任地を神戸と定め、この地から宣教を始めた。一八七一（明治四）年にO・H・ギユーリック夫妻、そして、一二月にJ・D・デイヴィス夫妻が神戸に着任した。

新島にとっては大学設立準備活動も伝道もともに重要であり、キリスト教伝道事業とキリスト教主義の青年たちに高い教養を与えていく教育事業を二者択一的に考える必要はないと考えていた。ようやく、デイヴィスは一八七五年に来日した**D・W・ラーネッド**とともに新島のこの考えに賛同し、協力することになる。

J. D. デイヴィス

D. W. ラーネッド

新島が帰国後一年で英学校を開校できたのも、ミッション（アメリカン・ボード）の協力があってのことである。新島が当初、法学部は行政機関のある東京での設立を考えていたが、人材やボードの力が関西に集中していたことから、その願いは叶わなかった。このように、同志社は神戸や横浜のような「開港地」ではない「内陸部」に誕生した最初のキリスト教主義学校となったわけである。

新島は、アメリカン・ボードの宣教師、正式には日本ミッション準宣教師（Corresponding member of the Japanese Mission）の資格で「帰国」した。アメリカン・ボードの一員として、すでに一八七二年に京阪神で伝道を開始していたD・C・グリーン、J・D・デイヴィス、M・L・ゴードンらとともに働くことになっていた。

新島は一八七〇年に帰国し、まず父母の住む、上州、安中から伝道を開始し、ボードの本拠地である関西に移動し、伝道の傍ら、学校設立の運動を始めた。**木戸孝允**の紹介であった大阪の渡邉昇知事に面談し、設立交渉にあたったが、知事はヤソの宣教師が教える学校だからと難色を示したため、断念せざるを得なかった。

木戸孝允は再度、京都府知事の槇村正直を新島に紹介する。槇村正直は、木戸孝允の腹心でもあり、木戸の紹介状を持っていった新島に対して槇村は、最初は快く引見した。しかし新島の執拗な二度、三度の会見申し込みに閉口し、具体的な手続きは山本覚馬とするように逃げてしまった。槇村知事の紹介で、河原町御池に住んでいた山本覚馬を訪ねた新島は、正々堂々と、学校設立の一大理想を説き、協力を懇請した。驚いたことに山本は何らの躊躇もなく、即座に新島の計画に賛成したのである。

今度は山本から知事を説得してもらい、知事の賛同を得るのであるが、その申請にあたって、いくつか新島に助言を授けた。まず新島の本籍を京都に移し、また身分は「士族」であったが、この時に身分も「平民」に改めた。そして、デイヴィスを雇い入れる形をとって「私塾開業願」を京都府に提出した。しかし仏教界からの強い反対運動もあり、開業許可は簡単には出なかった。槇村は新島に対して、外国人の雇用や京都での居住が認められていない時期でもあり、開業には中央政府の了承が必要だと難色を示した。

試練は残っていたが、山本の協力によって、何とか理想実現の道は着実に前進した。かくて新島はいったん、大阪のゴードン邸に戻り、それから間もなく神戸の同志・デイヴィスを訪ねた。

そこで、山本覚馬の協力のもとで、学校を京都に設立することを決意した旨を伝え、デイヴィスの同意を得た。再度デイヴィスとともに山本覚馬を訪ねた。すると山本が所有する旧薩摩藩邸の土地をキャンパスに提供するという思いがけぬ支援の話があり、開業許可を得るためには大きな支援になった。

新島は、急遽上京して文部省との交渉に入った。交渉相手が岩倉使節団で一緒であった田中不二麿であったのが幸いした。文部省は「許可不苦」、つまり許可して苦しくないという文書を出した。これによって九月四日、同志社は認可を得たのであった。

しかし、一一月二二日、京都府から聖書を授業科目に入れないことを条件とする通達がきた。新島は山本覚馬と協議し、その条件をのんだ。聖書や神学を教えることはできないが、校外での課外授業ならば、これには抵触しないという苦肉の策である。

薩摩藩邸跡

こうして一八七五年一一月に、新島襄は京都にキリスト教主義を標榜する同志社英学校を開学した。これはわが国におけるキリスト教主義学校の初めをなすものである。

新島襄はアメリカン・ボードに所属する準宣教師であり、新島が創った同志社は当初、アメリカン・ボードの強力な支援を受けていたわけで、その点ではミッションスクールと変わらなかった。しかし、当時は外国人の居住制限があり、アメリカン・ボードから見た場合、「内陸部」の京都に「京都ステーション」を設置することは、宣教師（外国人教師）たちは日本人である新島に雇用される形をとることによって初めて、認められるというものであった。当初、寺島宗則外務卿が同志社で教える宣教師に対して免状を渋ったのは、同志社は外国人に支配されている学校ではないかという疑念があったからである。新島は寺島宛てに、「外国人が同志社に金を寄付することと外国人が同志社を支配することとはまったく別のことである」主張した。しかし、その当時の経営の実権がボード側にあったのは事実である。

一方、京都居住の権利取得はボードとしても魅力あるもので、日本ミッションと同志社とは、相互にその存在を依存し合う点で不可欠の、固く結ばれたパートナーという関係での出発だった。したがって「京都ステーション」は初めて内陸地をベースにアメリカン・ボードの伝道拠点として根を下ろしたことになる。

D・W・ラーネッド（一八四八〜一九四三）
米国コネティカット州生まれ。イエール大学卒業、セイヤー大学教授を務めた後、アメリカン・ボードの宣教師として、一八七五（明治八）年来日。初期同志社の中軸教授。同志社大学の初代学長。現在、田辺キャンパスにラーネッド記念図書館がある。

木戸孝允（一八三三〜一八八八）
萩藩士。旧名・桂小五郎。京都で攘夷親征を画策するが、堺町門の変のため挫折。一八六五年帰国して藩政改革に参画、薩長同盟を結ぶ。一八六八年明治政府の参議に進み、廃藩置県などに取り組む。さらに岩倉使節団副使となり、米国で新島と親しくなる。日本の近代化に主導的役割を果たした。

京都に民主主義の種をまいた新島襄

新島襄の功績は学校を京都に創っただけでなく、民主主義を京都に持ち込んだことである。民主主義のルーツをたどると、どうしてもキリスト教に根源があることがわかる。

日本における民主主義の歴史はどうであろう。初めて日本にその概念が輸入されたのは、明治維新なのである。維新の薩長政権の指導者たちには、日本を近代国家に生まれ変わらせるためには、国の制度を根本的に変革する必要があることが、痛いほどわかっていた。

岩倉使節団はまず、アメリカでつまずき、伊藤博文がわざわざキリスト教解禁の手続きで帰国した。民主主義の手本は欧米列強にあり、これらの先進国と同等に付き合うためには欧米の「議会制民主主義」という制度を導入する必要があった。

アメリカで大学教育を受け、キリスト教と民主主義を体験的に理解していた日本人は新島襄が最初である。新島がアメリカにいる間に、最も影響を受けたのはニューイングランドの地を育んだピューリタン精神である。何といっても、新島襄の思想形成に大きく影響したのは、フィリップス・アカデミー、アーモスト大学、アンドヴァー神学校在学時の恩師、友人など、多数のアメリカ人との交流であった。こうした交流を通じて、民主主義とキリスト教が密接不離の関係であることを学んだのである。

つまり、後に新島スピリットの骨格となる、自由、自立、平等、良心の精神は、シーリー教授を中心としたアーモスト大学での教授、同輩、友人たちから培われ、そして、それは単なる観念的なものではなく、アーモスト大学での寮生活、そして実社会を通じて実践的に身につけたものであった。

新島襄と愛犬・弁慶

このように、近代民主主義は一見、宗教とは関係のない政治思想に見えるが、プロテスタント、ピューリタン宗教あるいは信仰抜きでは生み出され得なかった政治思想なのである。

新島襄の思想形成のなかでも、当時、日本における徳川幕藩体制の経験から、権威主義、社会的な不平等に対する批判と抵抗の精神を根強くもっていたが、米国へ渡り、同じような経験をしたニューイングランドの人たちが見事に、自由と自立を勝ち取ったことを目のあたりにしたわけだから、自治、自立のピューリタン精神を実感できたわけである。その背景として独立戦争から勝ち取ったアメリカ独立宣言と民主主義の確立がある。同志社を創立した新島襄は、京都で民主主義を実践に移す。アメリカン・ボード、京都ステーションの伝道活動、会衆派教会の設立、学生への講義などを通じてである。

一八八一（明治一四）年、槇村正直知事が京都知事を辞任し、代わって北垣国道が知事となったことが新島や同志社にとって大きな支援になった。北垣は新島の強力な後援者になるとともに、北垣からは令息の教育を依頼されるなど個人的にも親しい関係になった。

そして、京都市内の大劇場で宗教講演会を開くことを許可された。一八八〇年九月から学術講演会との名目で演説会が行われていたが、一八八一年五月一七日には基督教大演説会が京都四条北の芝居小屋で開催され、弁士は新島襄、金森通倫、浮田和民、山崎為徳、D・W・ラーネッド、ゴードン、宮川経輝、森田久万人らであり、四〇〇〇人の京都市民が集まった。こうした学術講演会や基督教大演説会の開催も民主主義の実践であり、言論の自由を身をもって示したわけである。特に新島襄らによる「キリストなき国は自由なし。自由とは、個人の精神的自由ではなく、思想・学問・宗教・言論・結社・選挙などの政治的自由である。そのような政治的自由をもった市民が国政を司る民主主義国家を理想とし、日本をこのような自由制度の国にし、日本と東洋に文化の光を輝かせたい」という主旨の演説は、市民に強い感銘を与えた。

アメリカ流・リベラルアーツ高等教育

それでは新島襄は京都にある同志社で、どのような教育をしようとしたのだろうか。少なくとも牧師の養成所ではなく、一般人に対する智徳併用の人格者教育が狙いであった。新島が卒業したアーモスト大学は一八二一年に創立された、リベラルアーツ・カレッジであり、後に帰国後設立しようと考えた同志社大学のモデルになったことはいうまでもない。

イギリスで弾圧を受けていたピューリタンたちが、アメリカ東部のプリマスに上陸したのは一六二〇年である。それから一六年後に彼らはアメリカに最初の大学、ハーバード大学を創る。アメリカが独立するのはハーバード大学ができてから一四〇年後であるから、ピューリタンの人たちが先進性、人材教育の重要性をいかに認識していたかがわかる。

当初のハーバード大学の目的は（一）聖職者を育成する、（二）社会のリーダーを育てることであった。将来の牧師の学力低下を防ぐのが目的であったから、教養をつけさせることが第一の狙いであった。この当時の教養とは「リベラルアーツ」つまり「全人教育」である。したがって、当初のハーバード大学はリベラルアーツ・カレッジだったのである。

全人教育としてのリベラルアーツ教育は神学、哲学、法学、医学という伝統的な学問だけでなく、農業、林産、ビジネス、ジャーナリズムといった職業分野も新しく学問分野に含まれた。日本の多くの大学の一般教養課程で見られるような一方的な知識の詰め込みとはまったく異なり、リベラルアーツ教育は全人教育、つまり人格教育を含む基礎的な知的訓練を通して、真の国際競争力をもつ自立した人間を育てることを目的としている。

リベラルアーツ・カレッジでは、まずすべての学生に人文・社会科学から自然科学まで、幅広い分野を学ばせ、人間社会と自然界の多種多様な問題を理解するための基礎知識を学習させる。しかし、一般教養科目をきわめて重視しながらも専門分野を深く学ぶ機会も大切にしており、さまざまな学科に取り組んだ後で三年度からは専攻を選ばせ、特定の分野について深く研究させる制度になっている。それに加え、リベラルアーツ・カレッジでは、少人数教育を活かし、物事を分析的、批判的に考える力を鍛え、その結果得られた自分の意見を明晰な言葉で表現して他者に伝える能力を磨く。さらに、教授と学生との関係は非常に緊密であり、少人数のクラスでの討論や頻繁なレポートなどを通した双方向の教育を可能にしている。

アーモスト大学は寮制度が確立されていたが、初期の同志社も寮制度による学生間のコミュニケーションが重視され、教育効果をいっそう高めていた。

新島はアメリカでのみずからの実体験を基に、同志社においても学生の寮生活を通じた自由・自立・自治の実践教育を重視した。新島はみずから入寮学生の組み合わせ、寮編成に関与するほど熱心に取り組んだ。

もちろん同志社では知・徳・体のバランスのとれた教育も目標にしていた。明治後半になり、私学のスポーツで人気のあるラグビー部が慶應義塾に、続いて一九一一年に同志社に、それぞれ創部された。今出川キャンパスの一角にラグビー場まであった。京都では一年前に、旧制第三高等学校ができていたので、対抗戦がここで行われた。

国際主義・平等主義の実践

新島襄はみずからがアメリカのアーモスト大学卒業ということもあり、創立以来、自由主義、キリスト教主義、国際主義を建学の理念として標榜してきたが、なかでも国際主義はそのかなめとして位置づけられていた。同志社創立以来の協力者であるアメリカン・ボードとの関係でいえば、宣教師を兼ねた教授陣、女子部のM・F・デントンなどを通じて、日米の人的交流、絆には強いものがある。例えば、栄光館、アーモスト館、ハワイ寮など同志社の象徴的な建築物は、すべて同志社創立以来のアメリカとの関わり、とりわけ女子部はデントンを窓口にした、アーサー・ジェームス、エルドリッジ・ファウラーなどアメリカ人脈に依存していた。さらに、デントンによる民間外交は国際間、日米間の人的交流、活動の場となった。したがって、歴史的には、初期同志社の国際主義はアメリカとの交流と同一視されてきたところは否定できない。また、新島の国際主義はキリスト教主義と表裏一体であった。

つまり「キリスト教主義」が人と人との交流と相互理解を深め、「良心」をもとにした共通の価値観を有することが基軸になっている。また、国際主義は国家の枠を超え共同の行動で互いの利益を実現しようとする立場であり、そこには人種間、男女間、国家間の優劣は存在せず、平等の精神が根底になければならない。新島は権力主義との対局に平等主義を位置づけていたが、京都市民の間で有名になったのが、新島の八重子夫人に対するレディーファーストぶりである。馬車に夫人の手をとって先に乗せるなど、男性優位の姿勢は少しも見せなかった。

新島の男女平等の精神を論ずるとき、「新島の人格を変えた」といわれ、その出会いがなければ後の新島襄は存在しなかったといわれるニュー・イングランドの四名の女性の恩人、すなわちA・ハーディの妻スーザン、ミス・ヒドゥン、フリント夫人、シーリー夫人の存在とその影響を無視できない。この四人から「学問に男女の別なし」という考えと、人間尊重、男女平等の思想が培われた。したがって新島は同志社設立後も、特別に教育上男女の差別をつけた表現を一切していない。大学を共学に踏み切ったのも同志社が最初である。

新島襄・八重夫妻

一八八九（明治二二）年、女権拡張運動家である佐々木豊寿が新島を東京の宿舎に訪ねたとき、新島が語った言葉が彼女の追悼文の中に記されている。それによると、当時の高等普通教育を受けた女子が、それを有力な嫁入道具として結婚生治に入り、社会の進歩改良などには何らの関心を示さず、ひたすら夫へのサービスと子女の養育にのみ専念して事足れりとしている状態に対して、新島は憤懣を示し、女性の自立教育と、いっそうの女性解放運動を奨励した。

京都で最初のモダン・レディー新島八重

新島襄の男女平等論は前項で述べたが、新島は男尊女卑の封建社会で躾けられた女性と結婚する気はなかったのである。槇村参事から結婚について尋ねられると、日本の女性をめとりたいと思うが、「亭主が、東を向けと命令すれば、三年でも東を向いている東洋風の女性はご免です」と答えたという。

山本覚馬の妹・八重は、一八七一年秋に故郷会津を逃げ出すように、失明した兄覚馬を助けるため、母の佐久、覚馬の一人娘みねを伴って上洛した。過去にとじ込もるような女性ではなく、積極的にみずからの人生を切り開いていこうとする実行力をもっていた。

八重は英語の勉強しながら、一八七二年、京都女紅場（後の府立第一高女）の舎監と教道試補の仕事についた。そして宣教師ゴードンから聖書を学び始め、一八七五年一月二日に、J・D・デイヴィスから京都で最初にプロテスタントの洗礼を受けた。やがて兄・山本覚馬と学校設立に奔走する新島襄と知り合い、会話がはずむのも当然であった。新島は自立心のある八重を知り、彼女が自分の描いていた古いタイプの日本女性ではなく、活動的で、魅力的であったため、好意を抱き、一八七五（明治八）年一〇月に婚約した。翌年一月三日に、二人は京都で初めてのキリスト教式の結婚式を上げた。

八重は、結婚と同時に京都女紅場を退職した。そしてA・スタークウェザーと協力して、一八七七年に同志社女学校の前身である女紅場の開校にあたった。レディーファーストの身についた新島襄と男勝りの性格だった八重は似合いの夫婦であったが、古い慣習が根強く残る京都において、新島夫妻のアメリカ風の生活は人びとの度肝を抜いた。世間では「亭主を尻に敷く」悪女という評判であった。頭には帽子をかぶり、足には革靴、手にはパラソルで、着物を着るという八重の和洋折衷の格好を人びとは鵺《ぬえ》だと称したが、八重は世間の謗りを気にしていなかったようである。周囲の冷ややかな視線を浴びても怯まなかったのは、八重の自立心に富んだ本来の性格によるものだけでなく、夫・襄によって、それが引き出され、活かされたという面もあった。新島は、自分の九年間に及ぶニューイングランド生活によって形成された女性像に八重が近かったので、何も不自然さを感じなかったし、むしろこの機に、西洋文化と男女対等という理念を世間に知らしめるには良い機会だとさえ思ったのであろう。

しかし、学生たちにはモダンすぎて奇妙に見えたのである。鵺と最初に名づけたのは**徳富蘇峰**である。蘇峰は新島八重夫人の風采が、日本ともつかず、西洋ともつかず、いわゆる鵺のごとき形をなしており、自分たちの眼前で、先生に対してレディーファーストぶりを示すので、当時は八重夫人を軽蔑したという（『蘇峰自伝』）。

一方、明治一〇年代の後半だが、同志社英学校に学んだ湯浅治郎の長男一郎は、後年次のように回想している（『創設期の同志社』―卒業生たちの回想録―）。

「新島夫人が、立派な洋装に靴を履いて、時計をかけ指輪をはめて、恰度今日の貴婦人の様子をして居たが、当時は非常に突飛な風であった。然し先生と立ち並んで、立派な風采の夫婦だと思った」。さすが画家になった湯浅一郎には芸術的センスがあった。

新島襄は、前述したように男女平等の精神をニューイングランドでの勉学時代に身につけたのであるが、家庭および家庭における主婦とはどういうものかを直接学んだのは、前項の四人の女性からであった。新島はアメリカの知人への手紙にこう書いた「彼女は見た目には、決して美しくありません。ただ生き方がハンサムなのです。私にはそれで十分です」。

そして新島襄は八重を絶えず細やかに気遣っている。一八八四年から翌年にかけての欧米旅行中、アルプス登山で心臓発作を起したときのことを振り返って、「自分はそのとき非常に苦しんだ。諸君のことを思い妻のことを思い……」と、のちに生徒たちに語っている（徳富蘆花『黒い眼と茶色の目』）。

さらに、徳富蘇峰、湯浅治郎を参謀に東奔西走で大学設立の最中、一八八八年五月には吉野の**土倉庄三郎**に手紙を書き、三百円を預けるから、「マッチ樹木植付の協同出資者《コンパネー》として下さい」と依頼し、自分の死後の八重の行く末を案じている。

八重は一四年の結婚生活のうち、約三分の一を襄の身体を気遣うことに明け暮れた。激務の合間を縫うようにして療養する夫に付き添い、北海道、鎌倉、伊香保、神戸に行き、献身的に看病している。

時も経ち、当時学生だった蘇峰からあれほど遠ざけられた八重の方は、夫新島が蘇峰を同志として大学設立運動を推進していたので、蘇峰に対してそれほど悪い感情はなかったようである。夫が病で倒れ、大磯で臨終を迎えるに際しても、遺言まで代筆した蘇峰を信頼していた。蘇峰もそれまでの失礼を詫び、二人は大磯で完全に和解した。

八重が、蘇峰の要望で詠った「大磯にくだけし波も白玉とかがやく世こそうれしかりけれ」という和歌が、一八九〇（明治二三）年三月一一日付の『国民新聞』に掲載された。この和歌を掲載した八重の書簡は新島襄没後一カ月半の書簡なので、喪中であることを表す黒い縁取りのある葉書に書かれ、蘇峰宛てに送られた。今は蘇峰記念館に保管されている。

そして、新島没後三年、新島の遺物の分配にあたって、蘇峰は敢えて八重夫人に願い出て、愛用の『英訳聖書』（一八六六年に新島が受洗時、J・M・シアーズより贈られた記念すべき聖書）を拝受した。蘇峰にとって「聖書は新島襄そのもの」であり、「実に先生に対するが如し」であったからである（『徳富蘇峰の研究』）。

その後、蘇峰は一九五三年、同志社創立七八周年に際し、不即不離の秘蔵品をついに同志社へ献納した。現在は桐の箱に入れられ、新島遺品庫に保存されている。

徳富蘇峰（一八六三～一九五七）

熊本県水俣に生まれた。本名は猪一郎。同志社に学び、新島襄から受洗するも後に棄教。熊本に帰り、大江義塾を開設。一八八六年上京し、義兄の湯浅治郎の支援を受け、民友社を設立。「国民の友」「国民新聞」を発刊し、社長兼主筆として健筆を振るう。新島襄を生涯の師と慕い、同志社大学設立運動には献身的に協力した。『近世日本国民史』のほか、多数の著書がある。

土倉庄三郎（一八四〇～一九一七）

奈良県吉野郡川上村に生まれる。造林業で財を成す。川上村村長。板垣退助の自由民権運動を支持し、支援。同志社大学設立運動を積極的に支援し、多額の募金に応じた。子女を同志社で学ばせる。新島襄の強い支持者。

新島襄と北垣京都府知事の協力関係

新島襄にとって、京都府知事である北垣国道は同志社大学設立運動において、理解者であるばかりか最も信頼できる協力者であった。また公私にわたり、打ち解けあった親友でもあった。

新島と北垣との関係が本格的に進展するのは一八八五年三月に新島が再外遊から帰国した以降であ

る。特に一八八七年に知事の長男・北垣確《かたし》の教育問題に新島が本格的に関わって以降、親密さを増すことになる。北垣は息子について「智なく欲なく平々凡々たるもので幾度落第しても卒業までお頼みしたい」と新島に書簡を書いている。新島は北垣確の同志社英学校入学に応じ、海老名弾正から特訓を受けさせるため、熊本英学校にも派遣している。北垣自身が西洋文明を積極的に肯定、息子に英学教育を受けさせたいと思うのはごく自然で、濱岡光哲、中村英助や他の府会議員とともに同志社の教育に期待をかけたわけである。とりわけ、北垣が同志社の教育で期待をかけたのは、理化学教育だった。就任以来、知事は琵琶湖疏水工事に田辺朔郎とともに全力を挙げていて、同志社とも提携して京都の工業の発展を図るという道も当然考えたわけである。

一方、一八八七（明治二〇）年、伊藤博文総理大臣夫妻が同志社を訪問した折、北垣知事は案内役を買って出るなど、新島の同志社には協力を惜しまなかった。

さらに、一八八八年四月一二日、六百余名が出席した大学設立のための大集会に臨んだ北垣知事は、新島襄、浮田和民、金森通倫ら同志社教員たちに続いて「専門学校ヲ賛成スル理由」と題して演説した。この日の新島襄の日記には次のように記してある。「四月十二日。西京知恩院に於て大学設立の演説をなす。北垣知事之に臨まれ、非常の精神を吐露せられ、大学設立せざるべからざるの理由を陳ず・・・・聴衆六百五六十人にして殆んど知恩院の大座敷を満せり」と、新島の運動が単に一キリスト教私学のものではなく、京都府から全面的に承認された高等教育であることを宣言したのだった。

新島は北垣に、アメリカでは富裕な成功者が恵まれていない有望な学生に奨学金を支給して援助するのはごく普通に行われていると話した。そして、その話を聞いていた北垣は、同志社の徒に対する資金援助もしている。一八八二年、同志社生徒で鳥取県人、林拾が北垣を訪問し、学費補助を願い出る。北垣は即答せず、翌日夜新島宅を訪問し、内諾を伝え、再度訪問した林に対して、北垣は月々の月謝・月俸・書籍料・小遣金、合わせて五円を補助することを承諾した。

新島と北垣の関係は、もちろん一八九〇年の新島の死をもって終わる。キリスト教徒でもない北垣がなぜここまで新島および同志社に協力したのかは、両者の信頼関係を基礎にした相乗効果と友情であったように思う。そしてそれらは、下村孝太郎が見事に継承したようだ。時代は文明開化、自由と民主主義の時代であり、キリスト教容認と工業化が尊重された時代であった。北垣も新島も方向性としては同一方向を向いていたことは間違いない。

アメリカ医学の同志社病院・看護学校

新島襄は同志社に医学部を設置する構想を抱き、一八八二年秋、当時アメリカ医学の知識をもつJ・C・ベリーを岡山に訪ね、京都での病院と医学校開設に勧誘し、承諾を得た。

そして、一八八六年六月、御苑内のデビス邸内に同志社病院仮診察所を開いた。翌年一一月には烏丸通蛤御門前に、ベリーを院長とする同志社病院が正式に開院し、本格的な診察を開始した。同時に京都看病婦学校を開校したが、これは近代的系統的な看護教育を行うという意味で、日本において二番目に誕生した看護婦養成施設であった。新島は看護婦養成の事業をも進め、医学校設立のための第一歩を踏み出したといえるだろう。

初代院長であるベリーは、一八七二（明治五）年、新島の帰国より早く来日し、神戸、岡山などで医療および医学指導を行い、日本での近代医療が広まっていく様相を身近に見てきた。彼は、日本政府が近代的医療制度にドイツ医学を採用しているのは、無神論、懐疑主義に基づくものと批判した。そして宣教師会議で「この国で医療宣教師は医学教育に力を注ぎ、クリスチャンの医師を日本の中で育てることに何よりも献身するときである」と近代アメリカ医学を一つの文明として、キリスト教に基づく博愛主義的な精神に基づいた医学教育機関を創るべきと主張した。これについて、アメリカン・ボードは看護婦教育を先行すべきとして、ベリーには看護婦学校の教師をしながら同志社病院長の任に就くことを認めたのである。

同志社病院

そして、看護婦長として第一人者であるリンダ・リチャーズを派遣した。彼女はアメリカ最初の有資格看護婦で、一八七七年より英国に渡り、ロンドンの聖トーマス病院、キングス・カレッジ、また、エディンバラ王立病院などで再度訓練を受け、ナイチンゲールから薫陶を受けた。一八八五年に来日し、日本最初の看護婦養成コース設立にベリーとともにあたり、同志社病院では五年間、看護監督の職に就いた。

リチャーズが教育を受けたニューイングランド婦人小児病院は、一九世紀女性運動の息吹のなかで、女性の領域において女性専門職を育成していこうとする動きの延長線上に生まれた女性による女性のための病院であった。

看護婦は、制度として構成されていく近代西洋医学を基礎とした医療と、教育と職業の門戸開放を求める女性運動のなかで誕生し、経験によるだけではなく教育訓練を経てなり得る職業となった。その後、看護婦は治療の場としての病院で職能を高め、医師にとって欠くことのできない存在となっていった。また、当時は、巡回看護という言い方がされたが、リチャーズは日本でも訪問看護の先駆け的な指導をしたことでも知られている。

京都看護学校の方針として、看護婦養成の対象については、「品格備はり且つ才知を有する婦人」、つまりある程度高い社会階層に属する女性とした。それまでの京都の医療施設を見ると、看護職は女性に限られた職業でもなく、「品格」や「才知」を求められる職業でもなかったのである。京都看病婦学校は、看護職を女性専門職として重視し、女性の領域としての性格を強くもつものとみなしていた。そして今までの寮病院がドイツ医学的な流れをくんでいたのに対して、ベリーはアメリカ医学に沿って、一九世紀アメリカの看護婦養成に基準にした。そしてベリーとリチャーズはまた、看護の活動を病院内だけではなく家庭にも向け、貧しい病人への援助などの慈善活動としても考えていた。二人にとって看護はキリスト教精神にある慈愛の行為であり、慈しみの体現でもあったのである。

しかし、その後、新島の急逝により、この看護学校は一九〇六（明治三九）年に同志社の経営を離れ、戦後、看護教育制度が一新されるまで学校としては存続した。西日本では最も古くからの看護教育機関として、日本の近代看護教育史の中では重要な位置を占めた学校として知られている。

新島は一八八五年五月、二回目の渡米のときにフィラデルフィアに滞在した折、**新渡戸稲造**や内村鑑三の友人で当時、ペンシルベニア大学に留学していた**佐伯理一郎**に会い、帰国後、医学部構想のある同志社病院で働くよう勧める。

佐伯理一郎は一八六二年に熊本に生まれ、同志社へ行った熊本バンドの小崎弘道や宮川経輝とは幼少より親しく、特に宮川とは家も近くで、宮川の父、経連には習字も習っている。佐伯はこの二人の影響でキリスト教に近づいた。熊本医学校を卒業後、一八八四年二月、東京で新島から説教を聞き、感動して入信を決心し、十月、本郷教会で小崎弘道より受洗した。東京で新島襄の肉声を聞き「熱心なる説教に感ず」と生涯新島を信頼し続ける。その後海軍軍医となり、二五歳のときに、わが国最初の海軍省留学生として、アメリカおよびヨーロッパに留学した。ペンシルベニア大学で臨床医学の権威者オスラー博士から直接指導を受けた唯一の日本人である。佐伯はフィラデルフィアに滞在した当時、新渡戸や内村鑑三と親友となった。佐伯は同大学を卒業後、さらにヨーロッパに渡り、ミュンへン大学などで産婦人科学を研修して一八九一年に帰国する。

佐伯は帰国後、新島襄の創った同志社病院、京都看病婦学校に深く関わるようになる。それも帰国まもなくの一八九一年七月から、小崎弘道の仲介でペリー病院長に会い、佐伯は客員外科・産婦人科医兼任の副院長として勤務を始めた。

佐伯が加わったことで、看護学校との連携もよくなり、病院の将来も明るく、医学校の開設も始まろうとしていた矢先、新島襄が死去し、暗雲が立ちこめる。新島没後一五年間は何とか、川本恂蔵、佐伯理一郎の努力もあり、持ちこたえたが、ベリーも一九五一年にアメリカへ帰国し、学校側には病院経営のノウハウがなかったため、患者がわかる佐伯理一郎に経営を任せるべきだという意見が支配的になり、同志社は病院から手を引くことになったわけである。こうして将来の医学部構想も流れてしまった。一八九一年頃からキリスト教社会一般に対する国粋反動の影響を逃れることができず、同志社全体の経営上の問題があったことが、病院経営から撤退することになった理由である。

何としても新島襄の遺志を継いで、持続したいと思ったのは同志社理事会など関係者一様の考えだったが、当時の同志社の財政事情がそれを許さなかったのである。残念な事態ながら、ついに一九〇五年に同志社病院は閉鎖された。なお、看護学校は残り、同窓会代表の不破ユウ（二期生で不破唯次郎夫人、新島襄の臨終に立ち会う）らが懸命に奔走し、一九五一年まで存続した。なお、不破ユウは一八九九年に開設された京大病院の初代看護長を務めた。

さて、その後長年、医療薬学系の学部は同志社大学、女子大学では設置には至らなかったが、二〇〇五（平成一七）年、同志社女子大学に薬学部が設置され、二〇〇八年には同志社大学に生命医科学部が開設された。積年の願いがようやく実現した。健康や医療に対する新島襄の想いがを引き継がれ、結実されたわけである。

同志社病院や佐伯理一郎の旧邸の跡地には、米寿記念として一九五〇年に設立された聖書の言葉「受るよりも与ふるは福也」と刻まれた石碑が今も残っている。

J・C・ベリー（一八四七〜一九三六）
明治期に来日したアメリカの宣教医。メーン州生まれ。神戸監獄で重病の囚人を治療し、その状況を「獄舎報告書」にまとめ、大久保利通に進言した。同志社病院初代院長。入院患者に対する平等、無差別は有名。日本の社会福祉の改革に貢献。

新渡戸稲造（一八六二〜一九三三）
盛岡市に生まれる。叔父太田時敏の養子となる（後に新渡戸姓に復帰。）札幌農学校卒業後、一八八三年東京大学選科生を経て、ジョンズ・ホプキンズ大学卒業。さらにドイツのボン大学にて農政、農業経済学を勉強する。帰国後、札幌農学校教授、第一高等学校校長などを経て、東京女子大学の初代学長、同志社理事になる。一九二一年、国際連盟事務次長として活躍。

佐伯理一郎（一八六二〜一九五三）
熊本に生まれ、熊本医学校を卒業後、ペンシルベニア大学に留学。臨床医学の権威者オスラー博士の指導を受けた唯一の日本人である。さらにミュンヘン大学などで産婦人科学を研修して一八九一年に帰国。同志社病院、京都看病婦学校兼任の副院長となる。病院閉鎖後も同志社と長く関わる。

第九章　京都の近代建築に賭けた先人たち

近代化のインフラとしての琵琶湖疏水関連施設

近代化への脱皮を図る京都改造の大事業で、何といっても注目されるのは北垣国道知事よる琵琶湖疏水の建設だろう。若い土木学者・田辺朔郎を思いきって起用し、この画期的な大事業に巨費をつぎ込んで完成させた。琵琶湖の水を京都へ引くという構想は、実に平清盛にまで遡るといわれる。明治になって、京都を工業都市化しなければならないという切迫感から近代的な土木技術が実行されたわけである。京都は平安京以来、水不足に悩まされてきたが、この上水道施設によってようやくその長年の課題を解決した。設計者の一人、田辺朔郎は琵琶湖疏水の産みの親というべき土木工学者、もう一人の日比忠彦（一八七三〜一九二一）は構造学者で鉄筋コンクリートのパイオニアであった。創設時の施設は現在、煉瓦造りの六棟が残っている。蹴上浄水場、御所水道、蹴上第二発電所、夷川発電所、伏見発電所・姉小路変電所である。

南禅寺水路閣

九条山浄水場ポンプ室

建築物として高く評価されている二つの施設を紹介しよう。一つは煉瓦建築の建築物、九条山浄水場ポンプ室である。琵琶湖疎水第三トンネルを抜けたところにある美麗な建物である。建物の中にはポンプがあるだけであるが、京都御所に防火用水を送る目的で建てられた施設で、紫宸殿より高くするためこの場所に造られた。大正天皇が皇太子時代に疎水を大津から船で抜ける計画があり、その時に京都側で出迎えるためにこのような豪華な装飾を凝らしたといわれている。

次に、疎水は西へ向かう本流と北上する分流とに分かれるが、分流はすぐに南禅寺の境内を横断する。そこに架けられているのが、全長九二メートルの水道橋の水路閣である。

半円アーチを連ね、スパンドレルには三角形の浮き彫りを施し、水路部分の外壁にも細かな半円アーチを装飾的に連続させている。古い歴史と格式を持つ南禅寺の伽藍と近代の建築である水路閣は見事に融合し、煉瓦という材料の質感と重厚な景観を呈して、南禅寺境内の木立に溶け込んでいる。

教育、文化施設としての近代建築

東京遷都で、宮家、公卿それに九七カ所といわれる諸藩邸の要員らはこぞって東京へ移転した。京都御苑は、北は今出川通、南は丸太町通、東は寺町通、西は烏丸通に囲まれた東西六〇〇メートル、南北一二〇〇メートルで、面積は約二二万坪ある。現在の公園状態からは想像できないが、禁裏と仙洞御所を除き、公卿邸が廃墟と化し、御苑の再興が課題になったのである。この事態に対応を迫られたのが二代目知事になった槇村正直である。

近代京都の殖産政策に基づく産業施設の広がりは、東京、大阪のように量的拡大には限界があったが、ある時点から歴史都市・京都にふさわしい近代都市として、異なる方向へ転換した。もう一つの日本の「都」としての歴史・文化都市である。

西洋文化の導入で近代化が進展し、学校施設やキリスト教会ができる一方で、旧来の仏教施設、伝統文化との融合が課題になった。ところが京都には、これらの新しい文化施設が立地するのに、きわめてふさわしい場所が存在した。前述したように遷都によって公家屋敷、武家屋敷の多くが空き家となったため、京都御苑周辺が絶好の立地となったのである。

明治の早い時期からキリスト教の文化施設が次々と建設された。まず、新島襄が同志社英学校を京都近代化の立役者・山本覚馬の協力を得て、一八七五（明治八）年に御苑北隣の旧薩摩藩邸後に開校した。このキャンパスには、その後次々と赤煉瓦の校舎が建設された。国の重要文化財として五棟が指定されている（後述）。御苑の西には平安女学院の明治館、聖アグネス教会が、御苑の南にはギリシャ正教会の教会建築のモデルになったハリスト正教会が建てられた。さらに御苑の東にはヴェランダ・コロニアル様式といわれる新島襄の自邸、そして現在の立命館の前身、京都法政専門学校や府立医学専門学校なども設立された。このように京都御苑を中心として、宗教、教育の文化都市の風格が備わっていった。

文化都市・京都を支える要素として、もう一つ町衆の文化がある。その建築としての表現が、わが国で最初に設立された旧明倫小学校の校舎である。和と洋とが折衷する京都の近代建築の特徴がよく反映されている。明治初期、京都に最初に姿を現した西洋風の建築には二つの系統があり、一つは旧明倫小学校の校舎のごとく、擬洋風と呼ばれる様式で、在来の大工・職人たちが、みずからの知識と技能を駆使して西洋建築を造ろうとしたものである。もう一つは、ヴェランダ・コロニアルと呼ばれる様式である。ヨーロッパを起点にインド、東南アジア、そしてアメリカといったヨーロッパの植民地であった地域を経由して日本に伝わり、長崎や横浜、神戸などの居留地において主として住宅として建築された。京都では、同志社の創立者・新島襄の自邸が、その典型的な建物の遺構として現存している。

日本聖公会聖アグネス教会聖堂

旧日本銀行京都支店

質の高い京都の近代建築

京都は幸いにして太平洋戦争の被害が小さく、爆撃で破損した近代建物は皆無に近い。そのため、歴史都市・京都の誇るべき特徴は、近代建築の遺構が他都市に比べて大量に遺っていることである。しかも多いだけでなく、近代建築として質が高いことである。そしてもう一つの特徴は文化施設の遺構が多いことである。京都の遺構には教育や宗教に関わる文化施設が目立ち、各種の産業、商業施設とは異なるアカデミックで深みのあるデザインが、街に独特の雰囲気をもって溶け込んでいる。

例えば、日本銀行の京都支店（現京都府京都文化博物館別館）は、日本銀行本店や東京駅の設計者であり、明治、大正期のわが国建築界をリードした辰野金吾により、格式ある煉瓦建築として建てられた。平安京造営時の三条大路にあたる三条通は、都のメインストリートであった。そのため明治期には通りに面して多くの近代建築が建てられ、旧日銀京都支店はその代表格の建築物である。いわゆる辰野式といわれる白い御影石のストライプがアクセントとなった美しいデザインである。

続いて一八九八（明治三一）年に竣工した日本聖公会聖アグネス教会があ

る。京都の中心を南北に貫く烏丸通に面して建てられた、赤煉瓦の建物である。大阪の照暗女学校が一八九五年に京都へ移って平安女学院と改称されたとき、その礼拝堂として、J・M・ガーディナーの設計により建築された。

まず目を引くのは三層構造のどっしりした塔で、古代ローマの建造物を原流とするバシリカ型平面を用いた八角平面の洗礼室、三層の鐘塔、司祭室から成り立っている。この聖堂は、煉瓦造りの教会堂であるが、内部は木をふんだんに使ったハンマービームトラス構造で、耐震性は高いと考えられる。ガーディナー設計の初期の作品として残っている貴重な建物である。

次に豪壮なルネサンス様式で、一九〇四年に建てられた京都府庁舎に触れておこう。この建物は、京都府の技師を務めた松室重光の設計によるもので、かつては京都府庁舎本館として使用されていた。現在も一部現役として使われている。

京都府庁舎の建設が議会で承認されたのは四年前の一九〇〇年で、当時は地方行政の骨格も定まり、行政事務の拡大と細分化、官吏数の増大があり、そのため庁舎機能の拡大と多様化に対応できる建物の建設と、併せて府議事堂を庁舎内に設けることが求められた。また、外観はこれまでの和風建築とは異なる正統な西洋建築の意匠が要求されたため、先に完成していた東京府庁舎（一八九四年）や兵庫県庁舎（一九〇二年）を参考に、松室によって設計された。建築の基本モチーフはルネサンス様式に属し、建物の外観は、正面の一段高くなった屋根を中心として左右両翼に対称に張り出した形

京都府庁舎旧本館（左）と内部（右）

の優雅なデザインである。

工期三年余り、総事業費は当時で約三六万六千円を要した。地上二階建て、延床面積約六一〇〇平方メートルである。さらに階段の手すりは大理石で、部材のすべてに細かい装飾が施されている。建物内部においては、随所に和風の優れた技術が巧みに取り入れられており、内部意匠は建築よりもむしろ工芸品と行った趣が見事である。家具についても、当時「日本の洋家具の父」といわれた、東京の杉田幸五郎が旧本館の主要家具を製作、納入している。

建物本体だけでなく外構も美しく、明治から大正期を代表する庭師である七代目小川治兵衛が庭園の設計をしている。中庭は、西洋風の整形式庭園として、しだれ桜を中心に中高木が植えられている。京都府庁旧本館は二〇〇四（平成一六）年一二月に国の重要文化財に指定された。現在も、府庁のシンボルとして存在している。

そのほかにも京都には、龍谷大学大宮学舎（一八七九年）、旧京都織物会社（現京都大学東南アジアセンター・一八八七年）、京都国立博物館（一八九五年）、中京郵便局（一九〇二年）、本願寺伝道院（一九一二年）

クラーク記念館

有終館

など、わが国を代表するような近代遺構が数多く存在する。

同志社キャンパスに残る明治の近代建築

京都御苑の北側、東西に走る今出川通に沿って同志社大学、同志社女子大学のキャンパスがある。そのキャンパスには煉瓦造りの建物で、国の重要文化財に指定されている五つもの建物が残っていて、現在も使用されている。同志社大学キャンパス正門を入ると、良心碑がある。「良心之全身ニ充満シタル丈夫ノ起リ来ラン事ヲ」との新島襄の言葉が刻まれている。良心碑の西側に有終館、北に進んでクラーク記念館、ハリス理化学館、続いて同志社礼拝堂、彰栄館と重要文化財の煉瓦造りの建築物が並んでいる。

有終館は一八八七年、煉瓦造りの初代図書館として建築された。アメリカン・ボードの寄付で建設され、新島襄の執務室もあった。建築当初は「書籍館」と呼ばれ、日本最大の学校図書館であったが、一度火事で内部は焼失してしまった。取り壊しの危機にあったが、武田五一によって外壁保存設計で改修工事が行われ、現存している。まさに「外壁保存の元祖」といえる。

のちに、政法学校や専門学校、大学予科の教室としても利用された。一九一七年の今出川通拡幅工事で、入口が東側に移築された。今出川通に電車軌道が設けられ、そのため、敷地が削られたのである。

クラーク記念館は同志社のシンボルともいえる建物である。設計はドイツ人のR・ゼールで、アメリカのクラーク夫妻の亡き息子のメモリアルホールとして、一八九三（明治二六）年に竣工した。「クラーク神学館」として、主に神学教育・研究のメッカとして利用された。二〇〇三～二〇〇七年まで修理、復元工事が行われ、ドーマーウインドーも復元され、内部にもクラーク・チャペルが設置された。

D・C・グリーン

ハリス理化学館

設計者のゼールは、明治政府が帝国議会議院や中央諸官庁の建築を目的として臨時建設局を設置し、今までのイギリス系からドイツ系に変える際、政府からお雇い建築家として招かれた。クラーク記念館の建築様式はドイツ・ネオ・ゴシックを基調としており、勇壮な塔屋がそれを象徴している。

ハリス理化学館は新島襄と彼の教え子、下村孝太郎が構想し、アメリカの実業家**J・N・ハリス**の一〇万ドルの資金提供を受けて建設された。フランス人のA・N・ハンセルの設計によるイギリス様式の煉瓦造りで、

彰栄館

礼拝堂（チャペル）

一八九〇年に竣工し、同志社ハリス理化学校の校舎として利用された。建築中に永眠した新島の棺を担いだ棺台が、階段の手すりに利用されたという逸話が残っている。戦後は工学部の校舎であったが、工学部の移転で、現在は新島記念室、理工学部資料室、広報課、校友課など本部機能に使われている。

礼拝堂は彰栄館と同じくD・C・グリーンの設計で、施工は日本の大工、工事監督は下村孝太郎といわれる。綺麗なアメリカンゴシック様式であるが、内部はステンドグラスで覆われ、荘厳な雰囲気を感じさせる。煉瓦造りのプロテスタント礼拝堂としては日本最古の建物である。煉瓦積みは彰栄館と同じイギリス積みだが、破風高八メートルにも及ぶ、かなり急勾配の切妻で、礼拝堂という機能を満たす広い空間（建坪　九五・六一坪、中二階を含めて一一八・六七坪）を擁する洋風建築を当時の日本人大工がマスターしていたことには驚かされる。東西の煙突は、かつて地下室に二台のストーブを置いて、パイプによる室内暖房に使われていたが、現在は使われていない。現在、礼拝堂は礼拝、式典、講演会などに利用されている。

キャンパスの一番西にあるのが彰栄館であるが、D・C・グリーンが同志社で初めて設計したものである。アメリカン・ボードの七五〇〇ドルをもとに建設され、一八八四（明治一七）年に竣工した。設計だけでなく、資金調達や施工業者の選定、監督もグリーンである。京都市内に現存する最古の煉瓦造りの建物である。かつては東側が正面玄関であった。

外観はアメリカンゴシックであるが、内部は真壁の間仕切りがある和風になっている。当初は図書館と教室、それに生徒の寄宿舎としても考えられていた。

なお、塔屋は鐘塔と時計塔を兼ねていて、一八八七年にアメリカのトーマス・クロック社製の時計がはめ込まれている。彰栄館という名前は新島自身がつけたもので、一九七九年に建物と時計自体も重要文化財に指定されている。

以上、重要文化財に指定されていて、なお現役で利用されている建物について説明したが、大正に入ってからは、これらの煉瓦造りの建物に続いて、いずれもW・H・ヴォーリズの設計による四つの建物がある。

一九一六年に同志社政法学校の建物として致遠館が建てられた。館名の「致遠館」は大学政治経済部設立委員長の徳富蘇峰がつけたもので、諸葛孔明の「寧静ならざれば遠きに致るを得ず」からとったといわれ、現在も蘇峰の書いた扁額が掲げられている。一九二〇年には、二番目の図書館として啓明館（国登録有形文化財）が、校友の山本唯三郎の八万円の寄付金をもとに建設された。大正から昭和初期の「大学令」による、同志社大学のシンボルといってよい建物である。

J・N・ハリス（一八一五〜一八九六）
アメリカ、コネティカット州、ニューロンドン在住。ハリス商会会長、薬品会社社長、銀行頭取などを兼ねる富豪の実業家。

D・C・グリーン（一八四三〜一九一三）
アメリカン・ボードが日本に派遣した最初の宣教師。ダートマス大学卒業後、シカゴ神学校からアンドヴァー神学校に移り、一八六九年に卒業。二六歳で日本伝道宣教師に任じられ、一八六九年に来日した。一八八〇年、同志社神学校教師となり、理事として校舎の建設に貢献した。日本政府から勲三等旭日章が贈られた。

建築家・武田五一と同志社コンパウンド

都市の基盤整備に伴い、街路景観を中心に西洋近代の意匠が急速に進むが、京都では他の大都市と異なる独自の伝統と革新が見られる。それをリードしたといえるのが、一九〇三年に京都高等工芸学校（現京都工芸繊維大学）、一九二〇年に京都帝国大学の建築学科の創設に関わり、京都の建築界に絶大な影響力を持っていた武田五一である。

御苑の北に面する同志社キャンパスのうち、女子部の建築設計を全面的に行ったのが**武田五一**であった。当時、「同志社女子部の母」といわれるメリー・F・デントンは教育設備の充実に強いリー

ジェームズ館

栄光館・ファウラー講堂

ダーシップを発揮し、京都高等工芸学校教授の武田五一に設計の任にあたるよう要請した。

武田はまず、同志社女子部の静和館の設計を受託し、全体構想として、当時は彰栄館・礼拝堂・書籍館（現有終館）・ハリス理化学館・クラーク記念館の五棟など大学の煉瓦造り施設群に着目した。そして、全体のデザインを「同志社コンパウンド」として、当計画に際しては静和館のみならず、ジェームズ館、栄光館も合わせて三棟全体で同志社女子部に新しい顔を加えることをマスタープランの視点とした。三棟完成まで約二〇年を要したので、途中で見直しが加えられた部分もあるが、最後まで武田が関わったことからも、マスタープランの貫徹度合いは高かったといえる。

東西に長い敷地の形状から、自然と御所（京都御苑）に向かって三棟並べる配置となったと思われるが、先の同志社コンパウンドの建築群と連続した「同志社煉瓦通り」とでも呼ぶべき地域景観を御所と調和させることが、マスタープラン上の大きなテーマだったと思われる。

煉瓦造り二階（一部三階）建ての建物が有終館から静和館まで一五〇〇メートルにわたって建ち並ぶ景観は壮観であり、御所と相対して、京都

同志社コンパウンド

武田五一

の歴史的街並みに溶け込んでいる。東京・丸の内の「三菱煉瓦街（一丁ロンドン）」なき今、同志社キャンパスは日本近代が生んだ最良の建築景観であるといえる。

静和館の建設に着手する頃、デントンはすでに五〇歳になっていた。設計を担当する武田五一は四二歳だった。デントンは、自分の故郷カリフォルニアによく見られた学校の建築様式が、教育を受ける環境にふさわしい雰囲気を備えていると思っていたので、「このような感じの建物に」と武田五一に絵をかいて説明し、熱っぽく語ったといわれる。一方、それまで手がけたことのなかった学校建築の設計と監理を引き受けた武田も、大いに参考になるとともに、同志社と生徒を愛する彼女の姿に動かされたという。

また、幸いなことに、武田は建築設計者としてだけでなく、図案学にも秀でた才能を持っていたため、校舎の各所に独特の意匠、デザインが加えられ、その完成された作品のエレガントさには、デントンはむろんのこと誰もが満足した。

武田五一は、一八七二（明治五）年広島県福山町に生まれ、五大州一の学者にと期待が込められて五一と名づけられた。京都第三高等中学校（後の三高）から一八九四年、東京帝国大学造家学科に入学し、卒業後、大学院に進学した。在学中、妻木頼黄の下で、東京における和風建築再興の最初の作品といわれる日本勧業銀行を完成させた。

一八九九（明治三二）年、大学院を中退、東京帝国大学助教授となったが、一九〇一年、図案学研修のために渡欧し、ロンドン、パリに滞留した後、ヨーロッパ各地の建築物の見学旅行をしながら一九〇三年に帰国した。デントンは静和館のあと、二つ目のジェイムズ館も武田に依頼したが、ジェイムズ館は、彼女の意向をくみ入れた様式ながら、千年の都、京都に調和するよう工夫されていた。一見同じに見える建物であるが、静和館にある屋根の上の望楼型塔屋をなくし、正面の屋根の窓や、アーチの屋根や、ベランダの手摺や、屋内の階段周りなどの細かい部分にデザインの変化をもたせて、単調に陥りやすい学校建築に美学的考慮がなされていた。

その後の武田五一の活躍は「関西建築界の父」といわれ、京都における建築を含め幅広いデザイン教育においてわが国近代化時代のリーダーになった。生涯、一五〇〇もの作品を残したが、現存する最も古い煉瓦造り建築が同志社女子大学の二校舎である。

デントンとは三つの建設を通じてパートナーとしてすっかり心が通じ合った武田は、デントンの依頼により、家政科で建築学の講義をしたり、娘二人を同志社女学校に学ばせたりした。武田もデントンの情熱に動かされ、この計画に関わって以降、同志社とひとかたならぬ縁を持ち続けることになったのである。

武田五一（一八七二〜一九三八）
広島県福山市出身。三高から東京帝国大学造家学科卒業後、大学院に進学した。東京帝国大学助教授となったが、図案学研修のために渡欧し、ロンドン、パリに滞留、ヨーロッパ各地の建築デザイン、技術を習得する。一九〇三年に帰国し、京都高等工芸学校（現京都工芸繊維大学）教授となり、図案科、京都帝国大学の建築科の礎を築いた。

第三高等中学校の開学とその後の京大キャンパス

国立の高等教育制度が整備されるなかで、一八八六年四月、大阪に当初設置された高等中学校の一つ、第三高等中学校がその年の一一月、京都に移されることになった。一〇万円を拠出するという京都府の誘致活動が奏功したわけである。そして文部大臣・森有礼の視察によって、校地は吉田山の西、尾張藩邸の跡地と決まった。当初の三高は国の施策に沿って理工系学部と施設が優先された。本館にあたる「本校」を中央に置き、その左右に煉瓦造りの物理学実験場と化学実験場の二棟を向かい合わせた。一八八九年七月に本校、九月に化学実験場、一一月に物理学実験場が竣工した。奇しくも同志社ハリス理化学校とほぼ同時に建設され、京都で国立と私立の理化学教育が同時に開始されることになったわけである。

当初の第三高等中学校の建築は、京都に出現した日本人アーキテクトの作品としては非常に早い時

尊攘堂

土木工学科校舎（国会図書館提供）

期に属す。いわば京都における正統な西洋建築の先駆けだったわけである。赤煉瓦建築としても同志社には遅れるものの、京都織物会社とともに、鴨東の地に偉観を誇った。したがって三高そして後の京都大学は、多くの文化財を保有しているが、その価値が一般に公開されたり、衆知される機会が少ないのは残念といわざるを得ない。そのなかには、一八八七（明治二〇）年、吉田松蔭の遺志を果たすため、子爵品川弥二郎が高倉通錦小路に創設した尊攘堂もしかりである。尊攘堂は品川の死後、京都大学に寄贈された松蔭の遺墨類を収め、一九〇三年に建てられた。外装を化粧した煉瓦造り平屋建て・寄せ棟屋根の擬洋風建築と呼ばれる建物で、破風付きの窓、小屋根、切妻のポーチなどの洋風要素を配した個性的な建築である。尊攘堂は一九九八年に国の登録有形文化財に指定された。新島襄は京都に同志社を興したが、吉田松陰もまた、尊攘堂という大学を京都に設けようとしたことがうかがえる。

また前述した、京都の産業近代化の象徴のごとき建物である旧京都織物会社も、京大の所有となったものの、しばらくは撤去の運命にさらされていた。その後ようやく東南アジア研究センターとして利用されることになった。一八九七年八月に、京都帝国大学が設立され、その施設は基本的には三高のものをそのまま引き継いだ。一九一二年、中央を領していた「本校」は焼失してしまい、その跡地に建設されたのが、現在の時計台である建物である。

このほかの開学当初の赤煉瓦の明治建築は、次々に姿を消してしまった。化学実験場は戦後に取り壊され、機械工学実験場も一九九四年に解体された。唯一現存するのは物理学実験場であるが、周囲を取り囲むように増築を受けて、探し当てるのもむずかしい状況になっている。現在は京大保健管理センターとして使われているが、一八九八年、山本治兵衛の設計で建築された。ノーベル賞受賞者の湯川秀樹、朝永振一郎、福井謙一が学んだことから別名、「ノーベル賞の館」と呼ばれている。

京都帝国大学草創期の建築の設計において中心的役割を果たしたのは、山本治兵衛という文部省の技術官僚であった。一八八七年、文部省に雇用され、そこで配属されたのが折しも新設事業が開始された第三高等中学校の現場であった。いったん京都を離れるが、一八八八年に技師に昇格し、京都帝国大学の建築の設計を担当することとなった。一九〇六年に京都大学建築部（現・施設部）が創設されるとその初代部長に任ぜられ、その間、きわめて多くの京大の施設を設計した。

新島旧邸に見られる西洋文化

新島襄の自宅は京都御所東側の寺町通にアメリカ人宣教師のW・テイラーの助言を受けながら、日本の大工の手によって、一八七八（明治一一）年九月に完成した。

当初の敷地は九〇三坪（英学校を開校した旧高松邸跡）、建築資金はボストンの富豪であり、新島と義兄弟になるJ・M・シアーズからの二〇〇〇ポンドが充当された。寄せ棟屋根の木造二階建てで、一階が食堂や応接間など六五・七三坪（約二一〇平方メートル）、二階が寝室など四一・七八坪（約一四〇平方メートル）で、ほかに両親のための和風の家屋二七・一七坪が隣接している。全体に質素な造りとなっていて、建物の外観は東・南・西の三面にベランダを張り巡らし、アメリカの開拓時代を思わせるような洋風建築である。このように周囲にベランダをもつ外観を「コロニアル・スタイル」と呼んでいる。一方、随所に伝統的な和風も見られる。椅子座などの洋風の生活様式を取り入れることで、和洋折衷の住宅になっている。一方、廊下によって各部屋の独立性を高め、応接室や寝室を板敷きの椅子座の部屋とするなど、内部には西洋式生活を導入する試みが見られる。また、腰掛式便器や応接室の暖炉のような欧米の新しい設備機器も使用している。

新島襄旧邸

また、本格的な洋風住宅と呼ぶことはできないが、洋風建築の意匠を単に模倣するのではなく、伝統建築を意識的に継承しつつ、実用を重視して、生活の洋風化を試みるという点では、和風住宅の近代化の動きを先取りするものであり、生活空間の西洋化への確実な一歩を踏み出したといえる。

この私邸は、同じくシアーズの寄付で第二公会の会堂が建築されるまで、第二公会の集会場となり、その後も日曜学校に開放された。また、同志社生徒には書斎の蔵書の利用が許されており、書斎は、学生たちとの談話、懇談などの公私の利用にも耐える実用的なものであった。

新島襄・八重夫妻がここで暮らしたのはわずか一〇年であるが、一九〇七年、八重夫人から建物、敷地が同志社へ寄付された。

第二次世界大戦後は、新島旧邸は無人となっていたが、一九九〇年五月から九二年七月にかけて老朽化個所の修復と保存修理工事が行われ、改変された個所も創建当時の状態に戻された。

J・M・ガーディナー設計の長楽館

ガーディナーは敬虔なキリスト教信者で、ハーバード大学で建築学を学び、米国聖公会によって日本に派遣されたときには二三歳という若さであった。ガーディナーが赴任した先は東京・築地の居留地にある立教学校であった。立教学校は現在の立教大学の元になる私塾であるが、当時は聖書と英学を学ぶ場所であった。ガーディナーはここで教師になったが、一八八〇年には立教学校の第三代校長に就任する。そして一八八三（明治一六）年に立教大学校（St.Paul's College）という、アメリカのカレッジスタイルの組織をもった学校（現在の立教大学の前身）を設立し、ガーディナーは初代校長に就任した。

しかし、一八九一年に、建築家として本格的に活動するために校長を退任し、一九〇四年に、自宅兼設計事務所を東京市麹町区（現在の千代田区五番町）に構えた。建築家としても立教大学校校舎、明治学院ヘボン館などの作品を残しているが、京都では前述した日本聖公会聖アグネス教会聖堂と長楽館がある。

長楽館

ガーディナーの生涯の傑作ともいわれる長楽館は、一九〇九年、たばこ王・村井吉兵衛の別荘として、京都、円山公園に接する一角に建てられた。京都の迎賓館として華やかな社交の場となった長楽館には、英国皇太子ウェールズ殿下、米国副大統領フェアーバンクス、米国財閥ロックフェラーのほか、西園寺公望、山県有朋、大隈重信らも京都を訪れたときに滞在している。木戸孝允の墓参に訪れた伊藤博文は、完成したばかりの長楽館からの眺望を七言絶句の漢詩に詠んだほか、この建物の名付け親となって、扁額に「長楽館」と揮毫した。

長楽館は、一、二階が洋風、三階が和風になっていて、用途も迎賓施設としての性格が強い建物になっている。外観はルネサンス様式を基調とし、一階を石貼り、二、三階をタイル貼りとして、隅石を配している。装飾を抑えた外観に対して、室内意匠は各室ごとに異なる様式を用い、一階では、広間がジャコビアンと呼ばれる折衷様式、食堂がシンプルな新古典主義風、客間はロココ様式となっている。一九一四年の改良で、二階の喫煙室を中国風に、三階の和室を折上格天井の桃山風の書院造に改造している。

建築当初の家具類も現存していて、ロンドンのメープル（MAPLE）製など、大半が高級な輸入品で、デザイン的にも優れているロココ様式をはじめ、それぞれ部屋に合った様式の家具が配置されている。

近代建築の先駆・ヴォーリズの西洋館

W・M・ヴォーリズは、北海道の網走に近い北見から鹿児島に至る日本各地で数多くの西洋建築を手懸けた。同志社大学や関西学院大学、明治学院大学、西南学院大学、神戸女学院大学など、日本のキリスト教主義の大学を中心とする学校建築、キリスト教会堂、ＹＭＣＡ施設、病院、百貨店、住宅など、その種類も様式も多彩であり、彼が設計した建物は全国で一六〇〇棟以上になる。耐久性も高く、現在残っているものも数多くある。

京都にある建築として名高いのは、一九三二年に新島襄が卒業したアーモスト大学との交流を目的に学生寮として建てられた、アーモスト館（国の登録有形文化財）である。

アーモスト館

アーモスト館が建てられる背景になったのは、一九二一（大正一〇）年、創立一〇〇年を迎えたアーモスト大学で、偉大なる先輩新島襄が設立した同志社へ卒業生を送ろうという運動が興ったことである。「知識を世界に求めよ」という大学伝統の精神から、当時のA・ミークルジョン総長の決断で、アーモスト同志社プログラムが実現した。

第一回の学生代表として、一九二二年、S・B・ニコルズが同志社に来て、献身的に努力した。教壇にも立ち、学生に知的、人格的感化を与えた。そして、任期を終えて一九二四年に帰国した彼は、ユニオン神学校へ入学したが、惜しくも肺結核で夭逝した。ニコルズの母からの二万五〇〇〇ドルの寄付金が導火線となって、六万五〇〇〇ドルが集まり、アーモスト館の建設資金となった。アーモスト大学の一学舎を模して、ニューイングランド・ジョージアン様式にデザインされたアーモスト館は、アーモストからそのまま移築されたようであり、現在も美観を呈している。

同志社でヴォーリズによる設計の四つ目が、新島遺品庫である。大阪の校友、池田庄太郎の寄付金をもとに、図書館の前庭にコロニアル・スタイルの煉瓦平屋建てで造られた。

ヴォーリズは建築家として理念を持ち、一貫してそれを実践しているのが建築物に表現されている。その理念はヴォーリズ自身が次のように述べている。

「（略）私たちはまず、建築主の意を汲む奉仕者となるべきです。私たちの主張するところは、建築様式の人を驚かせるような新しい発案ではありません。私たちが一貫して守り続けてきたことは、簡単な住宅から複雑で多様な目的を持った建築に至るまで、最小限度の経費で最高の満足を請け合うために確かな努力をしたことです。（略）このような建築を個人的な気まぐれで着飾り、自己宣伝のための広告塔や博物館向きの作品のように心得て設計すべきではありません。建物の風格は人間の人格と同じく、その外見よりもむしろ内容にあります」。

そして彼は、住宅に関する基本的な考え方として、安全性、快適性、プライバシー、健康性、精神性の五つを挙げ、それは個人だけでなく、家族、国民一般に及ぶ問題であると指摘している。そこにはヴォーリズの合理性、質実性、奉仕などピューリタン精神がよく表れている。また、ヴォーリズの設計した多くの建物は、現在でも耐震性に問題がない堅牢なものが多く残っている。レスター・チェーピンが構造的な部分でヴォーリズの設計に大きく影響を与えていたと思われる。山の上ホテル本館や大丸心斎橋店もそうであるが、多くの人びとが集まる学校の校舎や礼拝堂にその傾向が見られる。

ヴォーリズの建築物のなかで、京都で著名なものを挙げてみよう。

・日本基督教団京都御幸町教会（京都メソジスト教会）（京都市中京区）一九一三年（京都市指定文化財）

・日本聖公会京都復活教会（京都市北区）一九三六年

・同志社大学　啓明館（図書館）一九二〇年（国登録有形文化財）
　　アーモスト館 一九三二年（国登録有形文化財）
　　致遠館　一九一六年
　　新島遺品庫　一九四二年
・京都大学YMCA館（京都市左京区）一九一三年
・B・F・シャブリー（同志社教授）住宅（現バザール・カフェ）（京都市上京区）一九一九年
・湯浅八郎（同志社総長）住宅（京都市左京区下鴨）一九二四年
・駒井家住宅（京都市左京区）一九二七年
・大丸京都店（京都市下京区）一九二八年
・旧下村邸（大丸ヴィラ）（京都市上京区）一九三四年（京都市登録有形文化財）
・東華菜館（旧矢尾政）（京都市下京区）一九二六年
・舟岡省五（京大教授）住宅（京都市左京区）一九二八年

第十章　女性の自立を先導したＭ・Ｆ・デントン

ウーマンズ・ボードの活動と支援

アメリカン・ボードの派遣する宣教師は創立当初より男性に限られ、女性はその配偶者のみであった。しかし、一八六八年一月、ウーマンズ・ボード（Woman's Board of Missions の略。アメリカン・ボードと協力して活動する女性伝道局）ができ、初めて独身女性宣教師の派遣が可能となった。日本での伝道において、女性に対する伝道や女学校創設が重要な事業になっていくにつれ、独身女性宣教師の働きの場は拡大し、彼女たちを支援するウーマンズ・ボードの意義と役割はますます増大したのだった。

最初は、ニューイングランド女性海外伝道会の名称で超教派の組織として発足したが、その後組織がアメリカ中に広がったことにより、ウーマンズ・ボードは三地域（東部・中部・太平洋）に分化して活動をすることになった。

最初に女子塾のA・J・スタークウェザーが一八七六（明治九）年と最も早く、続いてデントンが一八八八年に、ウーマンズ・ボードの独身女性宣教師として来日したが、日本での活動は太平洋女性伝道局（Woman's Board of Missions for the Pacific）の管轄だった。ウーマンズ・ボードの活動は具体的には、女性宣教師個人に関わるすべての経済的・精神的援助および宣教師が働く機関（例えば学校・病院など）への資金援助であるが、同志社女学校に対してはボードが継続して、人的にも、資金的にも支援を続けた。

「同志社女子部の母」といわれたメリー・F・デントンの個人的能力とともに、ウーマンズ・ボードの資金のおかげで存立することのできた同志社女学校は、当初からミッション・スクールに近い国際性を持った学校だったのである。

来日当時のメリー・F・デントン

同志社でのM・F・デントンの使命感

新島襄は一八七五（明治八）年に同志社英学校を創立したその翌年の一八七六年、キリスト教主義、自治・自立主義、国際主義を建学の精神に掲げて同志社女学校を設立した。最初の場所は京都御苑内のJ・D・デイヴィス邸（旧柳原邸）内で、寄宿舎であったことから、女子塾または「京都ホーム」と呼ばれた。女子塾の最初の生徒は一二人で、八名は寄宿生、残り四名は通学生であった。さまざまな境遇に育った生徒たちであったが、キリスト教精神のもとに、家庭的な塾の雰囲気でスタートした。教鞭を執ったのは、新島襄の妻・八重とアメリカ人女性A・J・スタークウェザーであった。二〇代半ばのスタークウェザーは、情熱を抱いて日本を訪れたアメリカにある支援団体ウーマンズ・ボードの宣教師の一人であった。

デイヴィスは、「日本において女性に対して働きかける仕事は、女性によってなされなければならない」と感じ、神戸女学院に続き、アメリカン・ボード対し、最初にアリス・スタークウェザーを専任教師で呼んだ。しかし新島の最初からの構想は、アメリカのリベラル・アーツ・カレッジに範をとったもので、ハーバード方式でハーバード大学（男子）とラドクリフ大学（女子）に分かれているのと類似した形態を想定していた。

初期の同志社女学校

明治初期の自由民権運動のめばえのなかで、女性の権利が主張され、男女平等論が展開された。ところが一八八九（明治二二）年の帝国憲法の制定によって、男性優位の権利が認められ、女性の権利拡大は凍結されてしまう。さらに当時は、男尊女卑の教えが強い社会的影響力もあって、まさに新島がいう、女性が「奴隷のごとくさげすまれている社会状態」だったのである。しかも、キリシタン禁制が撤去されたのは、女学校開学のわずか四年前のことであり、女性のための学校、しかもキリスト教の女性宣教師を雇い入れて、リベラルアーツに基づく全人教育をしようというのは、革命的出来事といっても過言ではなかった。そして全人教育を進めるうえでの寮制度は、単なる宿泊施設ではなく、教室のみならず、毎日の生活を通して、一般教養の研鑽に努め、キリスト教的感化を与えるという重要な意味と役割があり、当初から寮は教育機関として位置づけられていた。

一方、当時は総合大学設立の途上であり、英学校、普通学校、神学校、ハリス理科学校、同志社病院、同志社女学校もそれぞれ初期段階で、設備面でもまだ十分とはいえず、まさにこれからが本番という、設備の充実が必要な時であった。さらに、経常収支もトントンか病院も入れるとマイナスの状況であり、新島襄が全国へ募金集めに奔走している最中に中断を余儀なくされたわけだから、同志社女学校はだれが経営をするにも大変な時期であった。校舎も唯一、一八七八（明治一一）年に建築された建物（一九〇九年、静和館新築のため移転し、デントン邸となる）が主なものである。

その女子部の最初の建物は木造二階建て、延床面積三八一・七七坪で、大壁構造のコロニアル・スタイルで新島旧邸に著しく似通っている。建設資金はウーマンズ・ボードの八四八〇円と、米国ニューイングランドの婦人たちの寄付金三〇〇〇円であった。キャンパスも狭く、生徒の増員など、発展のためには、まさにこれから設備の充実が課せられていた。M・F・デントンはこうした同志社女子部の苦難な時期に新島襄の遺志を継ぎ、女性の地位向上、自主、自立のために全力を傾注することになる。デントンは学園設備の充実、拡大のためにアメリカン・ボードだけに依存せず、みずからのルートで接触し、独特の外交力と持てる事業素養を発揮し、約六〇年の長期にわたって女子部を発展させ、確固たる基盤を築き上げたのである。

ピューリタン家庭で育った開拓者精神

デントンの先祖は、八世代前にイギリスから新大陸の開拓者として大西洋を越えて来た、一五八六年に英国のヨークシャーに生まれたリチャード・デントンである。リチャードは新大陸に牧師として渡り、ニュー・イングランド各地を歩いた後、ニューヘブン・コロニー、ロング・アイランドのハムステッドと移って、そこにアメリカ最初の長老派教会を造った。M・F・デントンはこのリチャード・デントンから数えて八代目の孫になる。父方の親戚には、独立戦争に将校として活躍した人がおり、ほかに曽祖父もアメリカ独立戦争に参加するなど、何人かの親戚は独立戦争に関わっていて、愛国者としての血を受け継いでいる。幼少時のデントンに、五年間にわたる南北戦争や、国づくりに協力したこうした親戚、知人たちの勇気ある行動が刺激になったのは間違いない。なかでも最も強くデントンに影響を与え、新鮮かつ生々しく心に刻みこまれたのは、彼女の父エドワード・マイケルの、青年時代の勇気と冒険に富んだ行動であった。彼女は、積極果敢な開拓者精神を、父親から多分に受け継いだのかも知れない。

M・F・デントンは、こうした未知なるものへの挑戦の夢をまだ捨て切れないでいる四〇歳になる父エドワード・マイケルと、ニューイングランド・ヴァーモンド州出身の信仰の厚い母メヒタベルから、カリフォルニア州ネバダのスノーポイント村で、五男三女の第一子として生まれた。その誕生は、奇しくもアメリカの独立記念日と同じ、一八五七（安政四）年七月四日であった。その後、デントン一家は、ネバダ市のグラス・バレー、さらにその西一七マイルのユーバ郡スペンスヴィルに居を移した。ピューリタン精神の旺盛な父エドワードから、彼女の不屈の魂と、座して生きるより行動することで神の教えに従おうとする心は伝えられた。

約四年間、血で血を洗った南北戦争が終わり、国民的信望の厚いリンカーン大統領が南部の一青年の銃弾に倒れたのは、デントンが満八歳に近い頃であった。こういった出来事を幼いながら聞きつけてきたデントンが、のちに政治にも目を離さない人間に育っていったのは、当然のなりゆきだったと思われる。

さて、そのリンカーン暗殺のニュースをボストン沖で聞いた一人の日本人がいた。希望に夢を膨らませて、はるばる日本から到着した二一歳の新島襄であった。

来日を決意させたピューリタン精神

彼女は一四歳の頃からすでに教壇に立っていた。苦学してハイスクール、ボストン・カレジュート・スクールを卒業して、目標とした教員免許を手にするという涙がでるような努力、途中で断念しない不屈の闘志は普通の乙女を超越していた。

一八七七年には病院に勤務し、看護術をも修めている。正式に中等学校教員免許状を受領したのは、その後ミスポータン専修学校で古典と英文学を修めた一八八一年であった。彼女はすぐにロサンゼルスの近郊パサデナ町立普通学校に赴任し、そこの「四教室からなる新設の小学校」の責任者に任じられた。彼女はここで初めて、単なる学資稼ぎではなく、全身全霊を打ち込んで好きな教育の仕事にあたることになった。

彼女は全学科どんな学課にも全力を傾けた。また単に学課ばかりではなく、いつも積極的に生徒たちの生活の中に入って喜びや悲しみを共有し、時には生徒の家庭を訪問し、生活を共にすることもあった。またパーティーやピクニックを生徒たちと一緒に計画し、行動を共にした。こうしたデントンの教育姿勢、ひた向きな態度は、後に、そのまま日本に持って来られ、同志社という学園の中に存分に発揮されることになる。

デントンはパサデナ時代に彼女の教え子である二人の娘の父兄、ゴードン夫妻と相知る機会を得て、親しく交わっていた。ゴードン博士は一八七二年にアメリカ伝道会社・アメリカン・ボードから日本に派遣された初期の宣教師で、初めは宣教医として大阪を本拠にして活動していたが、同志社が創立される以前から新島襄の温かい庇護者であった。新島がアメリカから帰国後、一八七五年一月に初めて関西へ行き、大阪での学校設立準備を行っていた時には、大阪のゴードン宅に滞在して、その準備に奔走したほどの深い交わりであった。そして同志社設立の後には、デイヴィス、ラーネッド両宣教師と共に新島を助けて、同志社教育に大きな貢献をした人である。

さて、ゴードン夫妻もこの若い女教師を知るに従って、彼女の教育に対する並々ならぬ情熱と、その心の奥に秘めた、燃えるようなピューリタン精神を感じた。ちょうどその頃、デントンは、賜暇帰国中のゴードン夫妻を訪問した。その時ゴードンは、東洋の小さい国、日本を命がけで脱出して、アメリカのニューイングランドで学んだ一青年、新島襄の話をした。この新島という一青年が一八七四（明治七）年、ヴァーモンド州ラットランドのグレース教会で多くの信徒を前にして、日本を救うためにキリストの精神の大学を日本に作りたいと涙をもって訴えて、全会衆の心を激しく揺り動かし、多くの熱心な共鳴者を獲得したこと、帰国後、彼はそれを実行し、京都という古都に念願の同志社を創立し、現在、アメリカン・ボードの同志たちと奮闘中であることを話した。そしてもちろん、新島がアーモスト大学出身でシーリー教授の愛弟子であり、彼の信仰がニューイングランド会衆派のピューリタニズムに連続するものであることも話した。

その話を聞いた時、デントンの心は言い知れぬ感動に揺り動かされた。そしてゴードンから、日本に渡って、このキリスト教主義による新しい学園・同志社で働く意志はないかと誘われる。この誘いに彼女が「イエス」の返事をするのに時間はかからなかった。

しかし、教え子の父兄を中心に、デントンがアメリカの教育の分野でのすばらしい成功の可能性を放棄することに対して、失望の声が湧き上がった。両親、家族はもちろんのこと、ほとんどの友人たちもこぞって、この東洋の片隅にある、ほとんど知られていない日本のために、彼女が一生を投げ出してしまうことに猛反対した。しかしデントンの決意は微動だにしなかった。

また、デントンに心を寄せる婚約者、エルドリッジ・ファウラーとの別れには、後ろ髪の引かれる思いであったが、個人の幸せをも棄てる覚悟ができていた。

なにが、彼女をそこまで決断させたのか。デントンは新大陸に渡ったリチャード・デントンの八代目の孫であり、ピューリタンの血を脈々と受け継いでいる。父・母も前述のように、東部から西部の新天地を目指して移住してきた。

ピューリタンは自分たちの理想郷づくりに汗と血を注ぎ込み、世界の模範となると聖書にいう「丘の上の町」を自由、自立、自治を求めて新社会を創ろうとする強い使命感を持っていた。このピューリタンと同じ気持ちがデントンの心を支配したに違いない。

ゴードンの話と同志社への誘いは直接の動機になったが、デントンは新島襄の同志社で働くことが自分の使命であると信じたのである。デントンの決意は固く、揺るがなかった。新しい日本を建設するための力となりたい、日本の若者、特に日本の若い女性を教育することによって、日本を比類のない、キリスト教を模範とする偉大な国にするために働きたい、これこそ神が自分に与えた尊い仕事であるとの確信を抱いたのである。彼女はその時、二九歳であった。

同志社女子部での活動と幼稚園の創立

デントンは一八八八（明治二一）年年九月、オセアニア号に乗船した。同船はサンフランシスコを出帆し、横浜までの船の旅は二二、三日を要した。横浜に上陸して埠頭に立ったとき、自分の全生涯を日本の若者のために捧げることが神から遣わされた自分の使命であるという確信に満ちた決意が揺らぐことはなかった。それから、東京、神戸を経て一八八八年一〇月、初めて同志社の校門をくぐった。同志社の教師兼同志社病院看病婦長のリンダ・リチャーズの勧めで京都看護婦学校に寄宿することになった。同志社女学校教員のほか、看病婦学校でも教える傍ら、京都市内の四カ所に小児安息学校（日曜学校）を開いたり、キリスト教婦人団体の委員になるなど多忙な生活が始まった。

一八九〇年一月二四日、尊敬し、頼りにしていた新島襄が逝去し、遺体が新島宅へ運ばれてきた。終夜、デントンは新島夫人を助けて、来客、生徒、教職員の接待に務めた。言い知れぬ寂しさとともにこれだけの人気があり、慕われた先生の遺志を少しでも自分も担おうと決心した。

以来、寂しさを忘れるがごとく、同志社女学校内の教師館に居を移し、看護婦学校で食物調理法と英語、専門師範科では英作文、神学科で教会史などを教え、さらに、専門外の植物学、動物学など多くの学科を担当するという活躍で、猛烈に働いた。

その間、教え子の土倉小糸（父庄三郎は新島襄の支援者）を同志社病院の佐伯理一郎に紹介するという、生来の世話好きのところを見せ、見事にゴールに至り、奈良県下で最初のキリスト教による結婚式が行われ、話題となった。

一八九七年には佐伯理一郎の協力も得て、現在の同志社幼稚園の前身となる出町幼稚園を設立する。当初は古い民家を借り受けたもので、デントンはそこで同時に日曜学校も開いた。

幼稚園の規模はきわめて小さく、初期の頃は主として貧困家庭で教育的にかえりみられない児童に幼稚園教育を授けることを目的としていた。したがって月謝も一カ月七銭というわずかな金額であった。しかし、大きな植木鉢台が造られて入園時に各人が植えたゼラニュームの小鉢が並べられ、これに灌水するのがデントンの日課であり、珍しい西洋の草花の咲き乱れる花園のある楽園であった。創造性と自立の心を育むという幼児教育の本質を捉えた幼稚園であった。しかし、デントンはボードの指示で鳥取へ移ることになり、自分の創った幼稚園の園長として在職していた期間は、きわめて短いものであった。後の事はラーネット博士夫人に託された。

後に同志社女子部に近い今出川通寺町西入に移り、今出川幼稚園となったころに階層も変わり、有名な人びとがこの幼稚園に続々入園してきて、現在の同志社幼稚園へと発展したのである。

女性が自立するための医学・看護教育に執念を燃やす

第八章で述べたように新島没後、一八九一年頃からキリスト教社会一般に対して起こってきた、国粋反動の影響を逃れることができず、同志社は経営上の問題にぶつかり、この病院事業を同志社の手から切り離すことになった。そしてついに一九〇六（明治三九）年をもって廃止されてしまう。何としても新島襄の遺志を継いで持続したいと思ったのは、同志社理事会など関係者一様の考えであったが、当時の同志社の財政事情がそれを許さず、誠に残念な事態であった。

特に、女性の地位向上と自立を促す事業と考えていたデントンの落胆は殊のほか大きく、自分の努力で女子医学校を設立して、同志社女学校と併立させたいと考えた。知人に説いて、ようやく三〇〇〇ドルの寄附金を集め、彼女はこの寄附金を有力な財源として、さらにいっそう大口の寄附を得るために活動を始めた。しかし当時の同志社は経営的に甚だしく困難な状態にあり、女子医学校の設立どころではなく、在来の同志社の存続さえも危険な状況であった。この事を知ったデントンは、急場を救うために、せっかく集めた虎の子の三〇〇〇ドルさえも、同志社のために一時、間に合わす事を決意した。

その後、彼女の心に一時途絶えていた女子医学校設立の計画が再び頭をもたげる事柄が起きた。それは一九〇四年、米国フィラデルフィアの近郊に住む一富豪、ヴォークレーン夫人が、二児を連れて観光のため来朝中に起こった。二児のうちの一人が腸チフスに罹って佐伯理一郎医師の治療を受け、幸い全快し、このことを大いに喜んだ婦人が感謝のしるしとして、二名の女医と二名の看護婦を養成するための奨学金を寄附したのである。

デントンの希望する女子医学校を設立する基礎としてはどうかという申し出があり、早速翌年、同志社女学校卒業の藤田まきをフィラデルフィアに送って看護学を学ばせ、さらに翌一九〇六年に、相沢みさを、中川もとの二名の卒業生を同地に派遣して医学を学ばせた。

彼女らは三名とも、ヴォークレーン家の懇切な保護のもとに勉学を完了し、藤田まきは一九〇九年三月に、相沢・中川は一九一〇年九月に無事帰国したが、病院も看病婦学校も、同志社の手から離れていた。相沢・中川より一年半早く帰国した藤田は、暫く同志社女学校で英語を教え、その後佐伯病院に勤務して、看護婦養成等の仕事に従事したが、翌年帰国した二人の女医のために、デントンは一時、上京区河原町御地下ル東側に博愛社診療所を開設した。しかしその時代では、女医の信頼、評価が低く、来院者も少なく、さらに女医のうちの一人、相沢が、開業後まだ半年にもなるかならぬ時期に結婚して退院することが決まり、閉院せざるを得なくなった。残された中川は佐伯病院で働くことになり、デントンの描いていた女子医学校の構想は、あえなくも、再びくずれ去ることとなった。

こうして、医学校の夢は潰えたが、新島襄の遺志を継ぎ、日本の女子の専門教育、職業教育、そして医学、看護教育の必要を強く自覚し、それを同志社のなかで実現したいという執念は持ち続けた。その後、デントンは食物学・栄養学に力点を置き、職業教育として栄養士の養成に努力することになった。そして、その後長年、医療薬学系の学部は同志社大学、女子大学では設置には至らなかったが、二〇〇五年、同志社女子大学に薬学部が設置された。積年の願いがようやく実現した。薬学部誕生は、健康や医療に対する新島襄、デントンの想いを引き継ぎ、結実したわけである。

名誉学位を受賞した私設外交官

祖国アメリカのウィリアムズ・カレッジからデントンに、一八八八（明治二一）年に来日して以来、四〇年余りの長い間の業績を称えて、教育学博士の名誉学位が贈られることになった。

ウィリアムズ・カレッジはマサチューセッツ州の有名大学の一つであり、外国伝道の創始者を出した大学でもあるが、このような学位を女性に授与するのは、この大学でも最初のことであった。デントンはその嬉しさの反面、その栄誉に驚きと当惑の表情を隠しきれない様子であった。新島襄がアーモスト大学から名誉学位を受賞した時もそうであるが、権威的なものに引っ込み思案になるのは二人の共通点でもあった。デントンは、自分から進んでやる民間外交や、教育活動には、それが目立つことであっても神への奉仕の仕事として喜んで行動してきたが、顕彰を受けることには躊躇があった。それには、現在の体調からして現地に行けないことも関わっていた。当時、アメリカン・ボードには七〇歳定年制度があり、自分がもし帰国したら、再来日は無理であろうと考えたのである。また、自分の体の衰えを最もよく知っていたのは彼女自身であったから、受賞を辞退することを考えた。同志社としてはその喜びを素直に表し、日ごろのデントンへの感謝の念をより深めていたので、ぜひデントンに名誉ある賞を受けてほしいと願う同志社当局の人びとも、複雑な思いで見守るしかなかった。「もし、アメリカン・ボードが、自分が日本に戻ることを止めないことが確実であったら、私は帰国していただろう」と彼女自身、のちにそう語っている。

　しかし、三月二四日付でウィリアムズ大学総長ガーフィールド博士から、思いがけなく一通の電報が届き、それには、「もしデントンが来られなければ、欠席のままで学位は授けられるであろう」と記されていた。デントンは喜んで総長からの厚意を受けることになり、六月一五日、アメリカでの学位授与式と同時に、日本においても長い期間礼拝の行われてきた雨天体操場において、学位章伝達式が行われることになった。栄光館の新講堂が完成にあと一歩という時期で、懐かしい建物での伝達式となった。すでにウィリアムズ大学から、当日読まれる表彰状の写しと、学位章であるフードなどが届いていた。

　終生忘れることがないであろう皇后陛下の代理を迎えた壇上、そして、ピアニストのゴドヴィスキーのピアノ演奏、大西洋を横断してパリの空までの新記録を作ったC・A・リンドバーグや、新渡戸稲造、賀川豊彦、救世軍の山室軍平など多くの宗教者、学者、音楽家などの来賓、多くの友人たちの参席を得て、授賞式は雨天体操場で厳かに行われた。

栄光館前のデントン

　花と万国旗で飾られて明るくなった壇上には、同志社側からは八七歳を迎えてなお健在の校祖・新島襄の八重夫人、デントンを同志社へ導いたもう一人の功労者ゴードン夫人、大工原銀太郎同志社総長らの姿があった。そして、教職員、学生、生徒、同窓生、来賓ら約一五〇〇人の前に、一まわり小さくなってしまったデントンは、ガウンを羽織り、キャップを少し斜めに頭にのせた正装で壇上に立った。女子専門部教授主任の松田道によって読み上げられた、ウィリアムズ大学総長ガーフィールド博士からの表彰状には、次のことが記されていた。

「私は教育学博士の名誉学位を、教育者であり、私設外交官ともいうべきメリー・フローレンス・デントンに贈ります。彼女の同志社における終生の働きは、日本の隅々まで光を放っております。彼女は日本において愛され、尊敬されつつ、しかも偉大なるアメリカ人たることを保持しています。彼女は一世紀前、かのミッション・パークにおいて生まれたキリスト教運動の不屈の力の現代における証しであり、西洋の精神を東洋の精神にもたらした女性使節であり、まさにキプリングが述べたごとく、『王者と共に歩みつつ、庶民の風格を失うことのない』人物であります」。

総長ガーフィールド博士の言葉は、まさに彼女の足跡を的確に表していた。ウィリアムズ・カレッジの学位章は、アーモスト大学のカープ教授とダートマス大学のバートレット宗教主任によって、デントンの胸から肩にかけられた。続いて二人の女学生が美しい花束をデントンに贈り、そのとき起こった万雷の拍手はしばらくの間、絶え間なく続いた。

何か形でデントンの功績に応えようと考えていた同志社にとっては、ウィリアムズ大学の名誉学位がデントンに授与され、その華やかな式典を飾れたことは、この上もない贈り物になったといえよう。

第十一章　こうして京都の文化遺産は守られた

日米友好に尽くしたM・F・デントン

太平洋戦争に突入する以前から京都を舞台にして、国際親善、民間外交が一宣教師によってキリスト教精神に基づいて地道に行われていた。その人物は、戦争の最中でも母国に帰らず、一人孤独に耐え、みずからの信念を貫いたM・F・デントンである。

前述したように、デントンから影響を受けた深井英五は日銀総裁時代に、母校・同志社にデントンを訪問した折、現在の自分があるのは、デントンの英語教育のおかげと感謝するとともに、デントンから欧米人との交流の必要性を教わったことが、その後の自分の国際舞台での仕事に大きく影響したと感謝の気持ちを伝えた。確かに深井はパリ講和会議はじめ多くの国際会議に出席し、当時の閣僚級で海外出張が一番多く、国際人になっていた。

さて、デントンが京都にいても、首都になった東京から数多くの外国人要員が京都へ来訪した。まさに彼女は民間外交官的に仕事をしていたのである。それを可能にしたのは彼女の卓越した幅広い見識と接客術であったが、人物を評価し、見分ける能力も抜群であった。

デントンの人脈は大学への基金につながるアーサー・ジェームズやエルドリッジ・ファウラーにつながる人脈だけでなく、ジョセフ・C・グルー大使、ラングドン・ウォーナー、グース救世軍大将、佐伯理一郎、下村正太郎、原六郎、柳宗悦、新渡戸稲造、近衛秀麿夫妻、山室軍平、千宗室（一四代）など政・財界から文化人に至るまで広範囲にわたる。

デントン・ハウスはまさに同志社の迎賓館であった。デントンがみずから招待する客のほか、デントンを目指して京都を訪れる外国人は、日本へ目的があって来た際に来客する人以外に、観光で来て立ち寄っていく人、日本のどこかでデントンの存在を聞いて訪れる人などさまざまであった。デントン・ハウスが完成したのは一九〇九（明治四二）年で、太平洋戦争が勃発したのは一九四一年であるから、あしかけ三十数年間に、デントンハウスへの来訪者は著名な有力者だけでも数え切れないほどの多数に達する。外国の賓客には同志社をアピールすることはもとより、日本文化・京都文化を紹介することを決して忘れなかった。

彼女の社交性はまさに民間外交官にふさわしいものであった。その舞台となったデントン・ハウスは彼女自身の考えが多分に折り込まれて設計された。東西約一〇メートルの長さのリビングルームは南にフランス窓があり、ベランダに通じていて、その部屋の東西両端の大きな襖を取りはずすことにより、リビングルームは東の書斎と西の食堂にまで広がり、全長二五メートルほどの大広間とすることも可能であった。

階下にあったこれら三つの部屋のうち、一番利用されたのは食堂であり、特にそこに据え付けられてあった大きな薪ストーブは名物ストーブで、冬の来訪者にとって大きい魅力だった。このストーブは船の煙突の一部を切って作らせたもので、巨大な楕円形の胴体があり、その上部には楕円形で、丸い穴がいくつもあけられた鉄製の蔽いがあった。それは一八七六年、まだ京都にストーブというものがなかった頃、デイヴィス博士が作らせたもので、デイヴィス・ストーブと呼ばれた。残念なことに、この国宝級のストーブは、後年デントン・ハウスが取り壊されたとき廃棄されて、今はどこにもその影をとどめない。

内外の客を招いてもてなした広間も魅力的であった。しかし、造りは質素であり、明治初期宣教師の開拓者精神が出ている。リビングルームは日本風と洋風との組み合わせであり、大きい床の間と違い棚はもちろんのこと、部屋のあちこちに貴重な宝物が雑然と置かれてあり、デントン式未整理、乱雑さが各所に現れていた。伊万里・九谷・柿右衛門などの古い陶磁器、特に目を奪うのは珍しい皿や碗、中国や朝鮮の焼物、新旧の日本の名画や版画、絵巻物など、さながら小美術館のようであったという。フェノロサや、工芸美術家、柳宗悦の影響を強く受けている。

親友の佐伯理一郎師が秘蔵の名軸を持参して床の間を飾り、花瓶には必ず四季の花が飾られていた。また、デントンの読書好きを反映し、数千冊の書物は書棚に溢れ、テーブルに、マントルピースに、そして椅子の上にまで積み上げられ、広げられていた。

訪問客たちは彼女の豪勢なもてなしを楽しんだ。それは決して贅沢なものではないが、家庭科の教授にふさわしく、歓待するのに十分な材料と種類を備えていた。

また、美しい伊万里や九谷、金泥で描かれた椀などは、西洋皿の代わりに巧みに用いられた。そうした数々の食器は、外国の訪問者にとってはすばらしい魅力であり、発見であった。

食卓にはいつも豊富な食物が大皿、小皿に盛られて並べられた。それらのなかには各種の漬物類、つくだ煮類、煎餅類等、日本固有の食物もいくつか含まれており、外国の来訪者に日本食を紹介する、良い役割を果たした。

食事が終わると、時に、デントンは客たちを別室に案内してみずから裏千家流の茶の湯でもてなしたり、また招いておいた生花の師匠に生け花を実演してもらったり、時には画家を招いて、白紙の上に鮮やかに花鳥山水の光景を描いてもらったりして、客たちに驚嘆の目を見張らせることもあったという。またある時には、デントン自身が広重の東海道五十三次の版画を示して、それが作られる工程を説明し、立派な版画が作られるためには、どんなに多くの版木が用いられるかなどを説明することもあったという。さらに竹細工のデモンストレーションで楽しませることもあった。そして、日本人の招待客に最も成功したもてなしの一つは、ざらめ砂糖を煮沸して作るカルメラ作りを、その職人を招いて実演させたことであった。

民間外交官として国際間の理解に寄与

デントンの外交活動を助けた人物に佐伯理一郎と大丸百貨店のオーナーの下村正太郎がいる。古くからの親友、佐伯理一郎の母親が茶道の達人で、邸内には三つの茶室があることから、母堂の申し入れで、デントンは自由に希望者を招待することができたので、たびたび利用した。

当時は外国からの旅行者が日本の家庭に入ることは容易なことではなく、特に日本文化の粋ともいうべき茶の湯に接することは、得難い事柄であり、佐伯家でのもてなしはこの上ないもてなしになった。デントンを助けたもう一人の友人は大丸百貨店のオーナー、下村正太郎である。二人の交友関係は大正の初め頃からで、その頃、下村は四条通に新築された大丸の二階に桟敷を造って祇園祭に訪れた外国人たちが十分見物することができるように便宜を図り、そこへデントンが賓客を案内したことから始まる。烏丸通の御所に面したところには、立派な下村邸があり、同志社の大切な客人などを喜んで接待した。

デントンを訪問した人びとのなかには、米国大使キャッスル、同大使グルー夫妻、ルーズベルト大統領夫人、建築家ライト、コロンビア大学教授オッペンハイマー、英国首相マクドナルド、バイオリニスト・エルマン、ピアニスト・ゴドウスキー、飛行家リンドバーグ、ウィルソン大統領、アーモスト大学キング学長夫妻、救世軍グース大将夫妻等々、多くの世界的有名人がおり、また後年有名になった人も数多くいる。職業別にしても、宗教家あり、学者あり、文人、芸術家あり、政治家あり、実業人あり、運動選手あり、軍人ありで、あらゆる種類の職業人を網羅していた。

デントンのもって生まれた交際術は長けていて、初会見でも有能な人、何度も会いたい人、学校にとってプラスになる人などを見分ける力をもっていた。これだけ多くの個性をもった知識人と接するには、そのための知識の吸収、勉強も大変なもので、書物だけでなく、友人、知人からの情報収集を怠らず、その人の心をとらえ、動かすことのできる話題の準備がされていた。彼女はどのような人物に対してでも、彼らをそらさないだけの教養、社交性、人間的魅力をもって対応し、人の心の扉を開き、揺り起こし、時に同志社学園建設を訴え、キリストに従う者の愛の心、神のおきてに従う者の実践を訴えた。そのためこれらの人たちは抵抗なく一様にデントンの魅力に魅かれ、その大部分が彼女の生涯の友となっている。

後に、莫大な資金提供者になったアーサー・ジェームズ（一八九六年来訪）、エルドリッジ・ファウラー（一九〇一年来訪）などＶＩＰの来訪時には、とりたてて華やかな接待ではなく、みずからの手料理で饗応し、誠心誠意を尽くし、必要と思われる情報を伝え、みずからの考えをしっかり伝えることを主眼にした。まさに「人がその友のために自分の命を捨てること、これより大きな愛はない」（ヨハネによる福音書一五―一三）をデントンは身をもって示した。

来訪者の多くはアメリカ人で、日本画の竹内栖鳳に師事し、スペインの画家ベラスケスに傾倒していた画家のシーモア、ニューヨーク銀行頭取の令嬢や、ボストン大学総長の令嬢など、生徒と楽しい交流会を催し、国際感覚を持たせるのにも効果を上げている。また、デントン自身はカリフォルニアに育ってカリフォルニア訛りの英語を使っていたので、生徒たちにとっては東部出身の英語、イギリス人の英語と、随分発音の違ういくつもの英語と親しむ機会をもつことができ、大いに参考になったと思われる。

アメリカのスティーブンソン教授の講義では、家政科の生徒に、今まで耳にしたことのなかったビタミンを紹介している。それまで、栄養学上で不明成分となっていたというビタミンを新鮮に受け止めた生徒たちは、スティーブンソンの名とともに、強く心に刻み、強烈な印象を受けた。

このように、デントンの交際術ですばらしいのは、相手の優れているものを見抜く能力に長けていることであろう。そして、みずからの主張、考えをしっかり伝えて信頼を獲得し、見事に民間外交官の役割を果たしているのである。

後にデントンが名誉教育学博士を受けることになるウィリアムズ・カレッジの有名な学者、ウォルター・スミス教授は、デントンの招待を受けた後、「ミス・デントンの大きな貢献は、この世界が非常に必要とすること、すなわち国際間の理解の促進に寄与していること」であると高く評価している。

グルー駐日米国大使に日米関係改善、平和を訴える

駐日米大使、ジョセフ・C・グルー夫妻が一九三九（昭和一四）年一一月二四日、阪神地方の旅を終えて東上の途次、突然京都に立ち寄り、デントンを訪問した。当初、予定になかった訪問であったが、大使は一時、デントンが健康を害したことを知っていたのと、ヘレン・ケラーを通じて日米親善に関し、デントンが懸念していることがわかっていたので、関西に行った時にはぜひ彼女を訪問しようと事前に考えていたようである。同行の記者には理由は言わずに、ただ「もちろんミス・デントンに会わないままで、京都を素通りすることはできないよ」と答えたという。

ジョセフ・C・グルーは、一八八〇年ボストンで生まれた。生家は裕福で、ボストンの名士という家柄である。グロートン校からハーバード大学に進み、一九〇二年にハーバード大学を卒業すると、外交官の職に就いた。カイロの領事事務官として出発した若き外交官は、「ボストンの名家」出身の妻のアリス（日本にきたペリーの孫にあたる）と一緒に世界中を転々としたのち、ベルリンに約九年間駐在した。アメリカが第一次世界大戦に参戦する前のことであるが、パリ講和会議におけるアメリカ代表団の秘書としての仕事ぶりをウッドロー・ウィルソン大統領の顧問エドワード・M・ハウス大佐に認められたグルーは、一九二〇年、公使に昇進した。駐デンマーク公使、駐スイス公使となり、二二〜二三年にかけてトルコ問題を扱ったローザンヌ講和会議ではアメリカ代表を務めた。ローザンヌ会議によって、練達した外交官としてのグルーの評価は確立し、ヒューズ国務長官のもとで国務次

官になったが、専門的な外務職員局をつくろうという彼の計画は、議会からも世論からも厳しい批判を浴びた。一九二七年の春、面子を潰されたグルーは駐トルコ大使に指名されたのを幸いにトルコに赴き、以後五年間はその職に満足していた。そして一九三二年五月、駐日大使として東京に赴任した。時は満州事変であったが戦火は終息しており、日本がリットン調査団を受け入れていた時期であった。

日米関係が次第に悪化するなかでのグルー大使夫妻のデントン訪問であったが、同志社大学の牧野虎次総長をはじめ、同志社の宣教師たちなど少数の人びとが集まり、大使夫妻を囲んで歓談した。

その後、デントンはみずから、同志社の構内や御苑内を案内し、大使に米国で学んだ創立者、新島襄の理念や、日本皇室、特に皇太后の来訪ことなどを説明し、あたかも姉弟のような親しさだったという。

グルー大使と懇談するデントン

そのとき、タイムズの記者がスナップした写真では、女史を中央に、大使夫妻が左右に控えていた。「米国よりの二人の大使、一人は政府より、一人は人民より」と説明があったのは、まさにその通りであったと列席者の一人、牧野総長は述懐している。

グルー大使夫妻の訪問は新聞にも非常に大きく報道されたが、このときデントンは大使夫妻を案内した後に、夫妻だけと膝を交えるようにして懇談して、熱心に日米間の平和について訴え、そのための働きを懇請し、大使もこれに応えて、必死の努力を約束したといわれる。後にグルーはこのときの訪問を「ミス・デントンを訪問するのは聖地へ巡礼をするような気持ちであった」とボストンの新聞に話している。

しかし、グルーらの戦争避けるための努力は実らず、ついに一九四一（昭和一六）年、太平洋戦争に突入した。グルーは開戦二年後の一九四三年七月、他のアメリカ人一四五〇人とともに交換船、浅間丸で中立国のポルトガル領モザンビークのロレンソマルケスに向かい、そこでグリップスホルム号（アメリカ在住日本人一〇九六人が乗船していた）に乗り換え、リオデジャネイロ経由で、ニュージャージー州ハドソン軍港に帰国した。

その後、交換船に使われた浅間丸は、海軍に徴用され輸送船となったが、一九四四年に、マニラから高雄へ向けて護衛艦とともにバシー海峡を北上中に、アメリカ海軍の潜水艦「アテュール」の魚雷が命中して沈没し、五〇〇人が犠牲になった。

さて、グルーは交換船で帰米してのち、全米各地を遊説して、日本に対する理解を深めることに努めた。前線の海軍基地に派遣されたときにはニミッツ提督に、皇居を爆撃するような戦闘行為の中止を訴えたり、国務省顧問としてポツダム宣言の原案を作成し、日本が受け入れやすいように配慮を重ね、さらに、原爆投下を回避するため、スチムソン陸軍長官にも説得を試みている。このように、グルーはデントンとの約束を果たすため、必死になって努力したのである。グルーの最後の試みは一九四五年六月に国務次官に任命されたときに、天皇を立憲君主として温存すべきだとし、日本がヤルタ協定の受諾しやすいよう「国体」条件をすぐさま呈示せよと主張したことである。トルーマン大統領とバーンズ国務長官は受け入れたが、英ソの了解が必要であるとして、七月に延期した。グルーは後になり、六月の呈示が実行されていれば、日本はその時点で降伏し、原爆投下は避けられたと書いている。グルーの要請を受け、スチムソンは原爆が成功した以上、ソ連の参戦は不要とし、ポツダム宣言を早く出すことを大統領に進言した。これを受けて、七月二六日、米英中三国の名でポツダム宣言が発表された。

新島襄がニューイングランドに住みアメリカを知りすぎたように、デントンやグルーも日本を知りすぎ、自分の故郷と感じ、二つの国の懸け橋になろうとしたわけである。

グルーは、日本を本土決戦から救ったもう一人の立役者でもあったのである。日本の友人たちを戦争の困難から解放するため、アメリカ政府のなかでほとんど孤軍奮闘に近い活躍をしたのがグルーであった。

ウォーナーの京都・奈良の友人たち

デントンの民間外交官ぶりは前述したが、デントンは個人的にも歴史的な文化財、東洋・日本美術に対する興味を人一倍もっていた。アメリカの美術館に働く東洋美術の学者たちの多くは、かつては日本で研究した人びとであり、特に京都に滞在して勉強した人びとは、ほとんどがデントンの友人になった。こうした人たちのなかで、デントンの特に親しい友人にラングドン・ウォーナーがいた。

ラングドン・ウォーナーは一八八一（明治一四）年、アメリカ・マサチューセッツ州ケンブリッジで、父はジョセフ・バングス、母はマーガレット・ストレル・ウォーナの二男として生まれた。彼の父側は一六三七年英国から渡って来たピューリタンで、母の方はロガー・シェルマンの直系の子孫で「アメリカの独立宣言」と憲法制定の署名者であり、ハーバード大学の総長も務めた名門の出であった。また、後に結婚したロレーヌ夫人はセオドア・ルーズベルト（一九〇一～〇九年の米大統領）の姪にあたる。

ウォーナーはブルーネで教育を受け、さらにケンブリッジのニコルス・スクールとボストンのグリナウス・スクールを出てハーバード大学に入り、一九〇三年に卒業して、ボストン美術館のアジア課に勤務した。そこでウォーナーは初めて日本美術の美に触れ、関心をもつとともに、旺盛な研究心に燃えた。そのきっかけとなったのは一九〇五年当時、ボストン美術館の東洋部長であった岡倉天心との出会いと彼からの影響であった。

岡倉天心は東京大学に招かれて教授となった**アーネスト・F・フェノロサ**の教え子であるから、フェノロサの弟子であるウォーナーとの出会いは奇しき縁といえる。ウォーナーは日露戦争の勝利に日本が沸いていた一九〇七年に一回目の来日をする。東京ではフェノロサを通じて岡倉天心の弟子、横山大観・下村観山・菱田春草らと交友を深め、日本美術の知識を高めるとともに、京都と奈良で寺社建築、仏像彫刻を学ぶ。

京都では、フェノロサ夫人の紹介でデントンと面識をもち、奈良では**新納忠之介**に岡倉天心の紹介状を携え、師事する。それから奈良の新納の自宅に約二年間寄寓して家族同様に過ごし、彼から日本古美術の教示を実践的に学んだ。

新納忠之介は、一八六八年、薩摩士族の子として鹿児島市新照院町に生まれた。東京美術学校では岡倉天心、高村光雲の指導を受け、卒業後直ちに同校の助教授に抜擢されるほどの前途洋々たる木彫家であった。その後、日本美術院第二部（現在の美術院）の責任者として、廃仏毀釈などによって破損した仏像などの修復のため、奈良を拠点に活動していた。

そして同時に、日本にも、諸外国に負けない歴史を背負った文化財があることを主張することに始まり、日本の文化財行政がようやく始まったわけである。特に、流出や破壊と消耗の激しかった彫

ラングドン・ウォーナー（茨城大学）

文化財、つまり仏像に関しては、美術院第二部が担当し、新納忠之介が責任者として、この修理を請け負ったのであった。

彼自身が手がけた神仏は実に二六三一点にものぼり、そのほとんどが国宝か国指定の重要文化財である。ウォーナーは帰国後、ボストン美術館の東洋部副部長となり、仏像修繕のため新納忠之

介を呼び、再会する。このようにウォーナーは、新納とは年齢では一四歳の開きあるが、まるで兄弟のように親しかったという。

ウォーナーは一九二三（大正一二）年からハーバード大学で教鞭を執り、その後、同大学附属フォッグ美術館東洋部長となった。そして、飛鳥彫刻、仏教美術を愛する日本研究者として著名になる。一九三一年、彼は再度、二度目の来日をする。京都ではデントンに再会するが、その際、デントンは同志社で当時教壇に立っていた**柳宗悦**をウォーナーに紹介する。たちまち柳兼子夫人を交え、四人は美術、民藝の話に花を咲かせた。ウォーナーは京都の滞在を一カ月も延長するほどであった。そして、奈良では新納忠之介だけでなく、デントンと柳宗悦の紹介で志賀直哉らと親交を結んだ。

ウォーナーは日本美術を岡倉天心に学び、デントンを通じて柳宗悦と知り合い、民藝を教わり、のちに柳をハーバード大学の美術教師に招聘した。また彼は、『不滅の日本美術』（寿岳文章訳）という本も著した。奈良で仏教美術を学ぶため、新納忠之介や奈良に在住していた柳の友人、志賀直哉と出会う。これらのことから、後に、太平洋戦争中、米軍による日ごと夜ごとの徹底的な都市爆撃の最中にあって、貴重な文化財ばかりでなく、京都・奈良の地域が戦禍を免れたのは、ウォーナーの尽力があったと多くの関係者が考えるようになった。

ラングドン・ウォーナー（一八八一～一九五五）
アメリカ合衆国マサチューセッツ州で生まれる。ハーバード大学卒業。一九〇七年来日し、岡倉天心、横山大観などの指導で二年間日本美術を学ぶ。その後、ボストン美術館、クリーブランド美術館を経てフィラデルフィア美術館長となる。一九二三年から母校のハーバード大学教授になる。一九三一年の二度目の来日では、奈良で新納忠之介の指導で仏教彫刻などを学ぶ。太平洋戦争中、ロバーツ委員会に参加し、文化財擁護の「ウォーナーリスト」を作成した。

岡倉天心（一八六三～一九一三）
福井藩士の子。横浜生まれ。東京大学卒業後、文部省に出仕し、大学時代の師フェノロサらと国内外の全国の古美術調査を行う。東京美術学校開設準備にあたり、一八九〇年から同校校長を務める。八年後、学内に天心排斥運動が起こり、辞職して日本美術院を創立した。一九〇四年、ボストン美術館の東洋部長となる。

新納忠之介（一八六九～一九五四）
鹿児島城下新照院町に生まれる。明治二二年東京美術学校彫刻科に入学。高村光雲に師事、卒業後、一八九五年同校助教授となる。一八九九年、日本美術院に参加。二〇〇〇を超える仏像を中心とした国指定文化財を修理し、古社寺保存会委員、国宝保存会委員を務めた。

柳宗悦（一八八九～一九六一）
思想家・民藝運動創始者。学習院高等学科時代に『白樺』の創刊に参加。一九一三年東京帝国大学文学部を卒業し、一九二四（大正一三）年同志社女専教授、同志社大学講師を経て日本民藝館を設立し、初代館長。一九五七年文化功労者。

ロバーツ委員会に参加したウォーナー

ラングドン・ウォーナーは「ロバーツ委員会」に呼ばれて、その委員会における東洋地域の極東部主任として、日本古美術に関する学術的研究者としての立場で、戦禍より保護すべき地域や文化財のリストの原案作成、その詳細な解説、地図の作成にあたった。

ウォーナー本人は「日本の文化財を救ったのは自分ではない。ダグラス・マッカーサーだ、自分はそのリストを作って軍に提供したにすぎない」と言っているが、その軍に提供したリストは彼の作ったウォーナーリストであることは間違いない。

ウォーナーは、太平洋戦争の開戦の直前に戦争回避の親書を送るよう大統領の側近に進言したという話があるほどの親日家であり、開戦直後の一九四二年にはすでに日本の美術品の保護救済についての調査に着手していたようである。戦場が日本本土に接近する頃になって、ウォーナーの作成したリストはアメリカ大統領の受け入れるところとなり、歴史的古都が爆撃目標から除外されることになった。

それでは京都、奈良など文化財救済の背景となった「ロバーツ委員会」とその建議された内容、いわゆる「ウォーナー・リスト」について触れてみたい。

最初に戦争の始まった翌年、一九四二年末に、ニューヨーク・メトロポリタン美術館長テーラーらアメリカの学界および美術館の代表的有力者がアメリカの最高裁判所長官に「戦争によって災害を受けてはならない貴重なる文化財をすべての戦争地域にわたって保護するようにしたい」という建議をした。そのために政府部内に特別な委員会を設けるべきだというものであった。

この建議を受けてフランクリン・ルーズベルト大統領は、これに賛意を表し、国務長官および国防長官が同意して、国務省より一九四三年八月二〇日に「戦争地域における美術館および歴史的記念物の保護および救済に対するアメリカの委員会」というものが組織された。その委員長に最高裁判所判事ロバーツが任命された。それでこの委員会は普通には「ロバーツ委員会」と呼ばれている。

この委員会の委員には国の方針を決めるための高名な知識人が入り、その下に文化美術に関する専門家が動員され、種々の専門委員会がつくられた。これらの専門家の選任には、ハーバード大学の長老教授ポール・サックスが任命された。

ロバーツ委員会が仕事をするについては、戦争地域によってこれを大きくヨーロッパ地域と東洋地域の二つに区分した。東洋、特に極東部の主任格としてはポール・サックスの親友でもあり、またポール・サックスが館長をしていたハーバード大学附属フォッグ美術館の東洋部長であったラングドン・ウォーナーが任命されたのはきわめて自然のなりゆきであった。

委員会の一番大事な仕事は、戦争地域における重要な文化財のリストおよび地図の作成であった。ウォーナーのリストは非常に詳細なもので、重要なものはほとんど網羅されており、地図も添付されていて、また星印による等級分けまでしてあった。

そして、前節には「日本には地震や内乱があったにもかかわらず多数の建築物、彫刻、絵画等がよく保存された。印度、中央アジア、支那地方において、多くの芸術品が喪失されたのに対して日本には今なお貴重な文化財を見ることができる。この島国は学術上、最も珍重すべき存在であって、六世紀以後、極東の各地で制作された優秀な多くの美術品をもって満たされた宝庫であり、文字通りかけがえのない、二度と得がたいものである」と述べている。そして、多くの寺院や博物館がある京都、奈良については「軍部の施設範囲外だから、もしこれらの寺院その他の建築物、美術品等が保護され、戦禍を免かれたら世界の文明国はどのくらい利益を得るか計り知れないものがある」と書かれている。京都についても詳細に説明を行い、東寺、広隆寺、宇治の平等院などの仏像の貴重な寺社を中心に述べている。が、特に注目されるのは、京都御所と相国寺周辺を指定していることである。デントンがいる同志社を指していることは間違いない。

また、日本の絵画が破損焼失しやすいこと、日本庭園が特種の芸術品であることを強調し、奈良、法隆寺については正確な解説を行った上で「今世界に現存している木造建築として最古のもので、様式は支那唐朝盛期のものだが、支那ではすでに破壊消威して原型を見ることができないので、もし法隆寺のような寺院群が爆撃によって焼失するか、破壊されることがあったらとり返しのつかない大損害である」と書いている。続いて東大寺を挙げ、さらに正倉院に及んで、「世界無比の宝庫である。いずれの国といえどもこれらの珍奇な宝物と匹敵するものはなく、これらの宝物は最善の方法でよく保存されて今日に及んでいる。奈良市とその近郊一帯の地域こそは真実仏教の聖地である」と記している。

このほかに京都・奈良以外では、高野山、鎌倉、宮島（厳島）、日光、伊勢神宮、出雲大社を挙げている（奈良ロータリークラブ編『太平洋戦争中における日本文化財の救済とウォーナー博士』（昭和三七年四月）参照）。

ウォーナーはそのリストで京都・奈良地区を非常に重要に取り扱ったことはいうまでもない。そしてウォーナーの最大の功績は、このリストの地図の上で文化的要所をマークして、爆撃をやめさせたことにある。

京都を爆撃から救ったウォーナーの文化財リスト

一九四四（昭和一九）年六月、太平洋戦争も日本本土爆撃の段階に突入してから、日本の文化財や、歴史遺跡の損傷が気遣われることとなり、ロバーツ委員会は、「ウォーナー・リスト」を審議して、大統領の手元へ差し出して裁決を得て、軍部の「秘密文書」として関係各部隊へ配布した。それにしても、無秩序に陥りやすい戦争で、上層部からの命令が、こうした文化財を爆撃しないエリア、場所にまで及んでいたことを思うと、軍部の規律、統制のとれていたことには感心する。また、このリストは単に爆撃禁止用というだけのものではなく、日本に上陸した後のことまで含んで用意されていたようである。上陸作戦の際に、少なくともこれらの日本美術は守るといった心づもりがあったのではないだろうか。日本本土が戦場にならずにすんだからよかったものの、アメリカはそこまで考えていたのである。

当時、奈良在住の作家の志賀直哉は敗戦の半月前、つまり一九四五(昭和二〇)年七月三一日、奈良の知人に宛て、はがきで「噂だから事実かどうか分りませんが、博物館の役人が奈良と京都は爆撃せぬようにと大統領に進言したら、約束は出来ぬが考慮には入れて置こうといった由、敵ながら文化を尊重する事、感心、これが本当なら大した事、恐らくボストンのウォーナーだろうと思います(略)」と書いている。

また、戦後、朝日新聞の一九四五年一一月一一日の記事に、ウォーナーの貢献を裏づけるものがある。

「京都と奈良はなぜ爆撃されなかったか…たとえ、軍事施設がないにしても、これはあの猛烈な空爆期間を通じて誰もが疑問としたところであらう。終戦後三箇月いま初めてこの疑問が解けた…美術と歴史を尊重するアメリカの意志が京都と奈良を「人類の宝」として世界のため、日本のために救ったのである。この計画を貫くために活躍の中心となったのは開戦とともにアメリカに出来た「戦争地域における美術および歴史遺跡の保護救済に関する委員会」である。アメリカ大審院判事ロバーツ氏を委員長とする同会の使命は東洋および欧州の諸戦場における貴重な美術や史蹟を戦火から救わんとするもので、日本の諸都市に空爆が開始される時に、京都、奈良を作戦目標から除外しようとハーバード大学附属フォッグ美術館東洋部長の職にあるラングドン・ウォーナー氏が献身的な努力を尽くしたのである。前記委員会における氏の活躍の詳細な経緯はなお、不明だが同じく著名な美術研究家で現在マッカーサー司令部の文教部長たるH・G・ヘンダーソン中佐が日本に進駐してははじめてウォーナー氏の並々ならぬ努力の秘話が伝へられたのです。戦争の激化につれ、戦略上に文化的考慮をとり入れさせることは決して容易ではなかったにちがいないが、ウォーナー氏の熱意は遂に京都、奈良を救うことに成功したのだといふ。（以下略）」

この文中のヘンダーソンはウォーナーの教え子であり、日本文化、芸術を研究する日本学者でもある。一九三〇年に来日して、京都に三年半の間滞在し、しばしばデントンを訪ねていた親日家である。一九三五年に源豊宗著『日本美術史図録』を翻訳・出版した。帰国後、彼はコロンビア大学で九年間にわたり、東洋美術や日本文学を講義している。戦時中は、対日心理作戦に従事し、前線の日本軍兵士にまかれた「ラッカサン・ニュース」の作成にあたった。

戦後、ヘンダーソンはGHQの民間情報局文教部長となり、日本の戦後教育に大きく貢献する。一九四六年一月四日、職務を兼ねて、懐かしい京都を訪れる。もちろん同志社でデントンに再会し、旧交を温める。そのとき、「京都はなぜ爆撃されなかったのか」という同行した新聞記者の問いに「合衆国最高裁のロバーツ判事を長とし、日本美術の学者を含む、ロバーツ委員会として知られる委員会は、世界の芸術品を保護するための、特別な諮問委員会であり、この委員会がその問題で重要な役割を果たした」と明解に答えている。

ロバーツ委員会の主な活動は、文化財が略奪または破壊されてから初めて発動するものであったが、陸軍動員部隊便覧とあり、文化財を守るという目的にも使われたことは間違いないと思われる。

それではウォーナー・リストの中身を見てみよう。リストの正式名称は、

ARMY SERVICE FORCES MANUAL,M354-17A,CIVIL AFFAIRS HANDBOOK, JAPAN,SECTION 17A:CULTURAL INSTITUTIONS

翻訳すると「陸軍動員部隊便覧（M354-17A）民事ハンドブック　日本　17A: 文化施設」となる。一九四四（昭和一九）年七月二四日に発行された初版（M354-17）の改訂版として一九四五年五月三一日に発行されている。主要な日本の文化施設および文化財の一覧表で、全部で三一ページある。その内容は、日本の歴史の解説、京都・奈良などの歴史的文化財が多い地域に関する記述がある。文化財や文化施設（個人の古美術コレクションも含む）は、それぞれの重要度に応じて四つのクラス（無印、星一つ、星二つ、星三つ）に分かれている。また、北海道を除く本州と九州の全体図と大阪、京都、奈良、比叡山、高野山を含む広域図と京都、奈良、東京の略図の計五枚の地図があり、それぞ

れに文化財などの所在地が記載されている。もう少し詳しく中を見てみると、東大寺（大仏殿、正倉院、法華堂）、伊勢神宮、出雲大社本殿、名古屋城天守閣、同志社大学、京都帝国大学、大阪市立図書館等の名称と説明が併記されている。次のリストは京都周辺のリストである。

ウォーナーリスト　　京都関係（一部近郊を含む）

・上加茂神社 神苑
・修学院離宮 庭園
・大徳寺唐門　桃山時代一六世紀
・同上孤篷庵庭園　極彩色屏風有色也
・大谷仏教大学 図書館
・加茂神社本殿　平安初期再建一四〇〇年
・鹿苑寺（金閣寺）室町時代一四世紀、金箔塗木造庭園美一四〇〇年
・北野神社 本殿内部装飾美（神道）創建九四七年再建一七〇七年
・同志社大学図書館 創立一八七五年キリスト教文学理学書
・妙心寺　仏寺足利時代一四世紀二四箇寺支那絵画襖あり
・桂離宮　庭園美
・御所　紫辰殿、江戸時代

・京都帝国大学
・慈照寺（銀閣寺）室町時代一四三〇年当求堂残存庭園美
・二条城二条離宮　襖屏風集、庭園美
・住友男爵　支那古銅器集
・建仁寺　海北和尚筆襖集
・八坂神社本殿　一六五四年五重塔
・知恩院大本殿　襖屏風画集一七世紀
・西本願寺　桃山時代杷穀邸其他
・大谷大学　仏典図書集
・東本願寺　大建築一八九五年修理
・豊国神社　秀吉廟一七世紀
・清水寺本堂　再建一六三三年珍木造建築
・仁和寺　仏寺御室御所九世紀
・平等院鳳凰堂　中堂二階一一世紀
・醍醐寺　五重塔九五一年
・稲荷神社　（神道）楼門仁王本殿に木像あり一五世紀

・桃山城　一六世紀、御陵一九世紀
・比叡山延暦寺　僧院最初七九四年、再建一五八九年、山腹に多数の末寺
・園城寺　一三五六年七世紀より一九世紀まで一〇箇寺有す
・石山寺　多宝塔鎌倉時代一三世紀

京都は一方で有力な原爆候補地

アメリカの大統領がルーズベルトからハリー・S・トルーマンに代わってから、局面が変わってくる。吉田守男（大阪樟蔭女子大学教授）著『京都に原爆を投下せよ』（角川書店）というセンセーショナルな題名の本がある。彼がこの本を書いたのに、根拠がないわけではない。

一九四五（昭和二〇）年五月一〇日と一一日、アメリカ・ニューメキシコ州ロス・アラモスのオッペンハイマー博士の執務室で行われた、科学者と軍人十数人の秘密会議で、八月初めに投下予定の二発の原子爆弾の目標都市（二つは予備）として、AA級に京都と広島、A級に横浜と小倉造兵廠を選んだ。原爆の被害と区別するために、また原爆を効率よく使用するために、今までの爆撃でまだ損害をこうむっていない重要都市が選ばれた。京都はその条件に合うだけでなく、日本人にとって宗教的・文化的意義をもった重要都市であり、この破壊が最大の心理的ショックを与えることができ、その抗戦意欲を挫折させるのに役立つだろうという、最も理想的な攻撃目標であった。このとき、検討

された京都・広島・新潟には、原爆の威力を測定するために、他のあらゆる形式の爆撃も禁止するワシントンからの秘密指令が出されていた（アメリカの戦略爆撃調査団報告書）。

「マンハッタン計画」の総指揮者、原爆開発と投下の現場責任者はレスリー・グローブス陸軍少将であった。五月三〇日、文官である**ヘンリー・スチムソン**陸軍長官は、グローブスに京都への原爆投下の反対を表明した。京都への原爆投下によって起こる残酷な事態によって、日本人との和解が戦後、長期間不可能になり、戦後世界で日本がアメリカ側につくか、ソ連側につくかの問題に関わると考えたからである。六月一四日、目標は小倉・広島・新潟となる。七月三日、軍部の巻き返しで京都が復活するが、七月二一日、ポツダム会談に随行していたスチムソンがそれを知り反対したため、急遽長崎を加え、目標都市は小倉・広島・新潟・長崎となった。そして七月二五日、正式の原爆投下命令が出される。

この結果から見るとヘンリー・スチムソンの言動と指示によって、京都除外の決定がされたという説が有力である。吉田守男氏は、京都除外のスチムソン恩人説を、その政策決定の第一義的要因はその国際情勢判断にあり、芸術文化都市への顧慮ではないとしている。それに原爆投下計画自体がスチムソン長官のもとで進められ、京都は三発目以降の目標として密かに温存されていたとも指摘している。

ルーズベルト時代では、文化財を守るという「ウォーナー・リスト」は間違いなく生きていたと思われるが、トルーマン時代になり、スチムソンら良識派の主張で、本格的な爆撃と原爆から免れたと考えてよい。しかし、「京都が爆撃を受けなかった」というのは、事実に反している。以下は「昭和二十年六月九日、知事事務引き継ぎ書」という公文書から抽出したものである。

昭和二十年一月十六日二三・一〇（東山区東大路通・常盤町・上馬町・下馬町。死者三十四人。負傷者五十六人。家屋損失四十四戸）
同　三月十九日〇七・三〇（右京区春日通。負傷者一人。家屋損失一戸）
同　四月十六日一二・〇〇（右京区太秦。死者二人。負傷者四十八人）
同　四月二十二日〇九・五〇（右京区大宮町。負傷者四人）
同　五月十一日一〇・〇〇（上京区河原町通・荒神口通。負傷者十一人）

以上のとおり京都は五回にわたり爆撃を受け、死者三四名と多数の負傷者があったことが明らかである。さらに終戦まで、二回の空襲を受け、最終的に京都では九三名、一七七名の負傷者、六一八戸の損壊があったことが明らかになった。

なぜ「京都は戦災を免れた」との神話が生まれたかであるが、まず、編隊での本格的B29の爆撃ではなく、さらに東京・名古屋・大阪などの他の大都市に比較して、被害が極端に少なく目立たなかったことが理由だと思われる。けれども、それより京都は原爆投下か、それとも大空襲か、未曾有の大破壊が差し迫っている状態で終戦を迎えたと考えるのが妥当であろう。

ヘンリー・スチムソン（一八六七～一九五〇）

イエール大学で学び、一八九〇（明治二三）年にハーバード・ロースクールを卒業した弁護士。陸軍長官、フィリピン総督などを経て、フーバー大統領のもとで国務長官に就任。トルーマン大統領のもとで再び陸軍長官となり、京都への爆撃並びに原爆投下に反対した。ポツダム宣言の起草にも影響力を行使した結果、一九四五年八月に日本は国体（天皇制）を護持して降伏することができた。

真に京都を爆撃から守ったのは誰か

さて、日本の古代文化を心から愛し戦禍からこれを守ったラングドン・ウォーナーは天寿を全うし、一九五五年六月九日ケンブリッジの自宅で、七四歳で亡くなった。

ウォーナーの徳を称えて、博士の胸像が茨城県北茨城市の五浦海岸に、一九七〇年三月二一日に建立され、その除幕式が行われた。胸像制作者は同博士の友人であり、文化勲章受賞者、彫刻家の平櫛田中《でんちゅう》であった。また、法隆寺の西大門を出てすぐ、土塀に沿って北へ上がって行くと、左の奥に「ウォーナー塔」が建てられている。また、京都にも東山三六峰の中間に位置する霊山歴史館に顕彰碑が残されている。

さて、本書の主題となった京都の歴史資産、近代遺産も、もし京都が戦禍を受けて入れば、すべて消滅したことになる。できれば京都を爆撃から守りたいと願ったのはウォーナーだけでなく、多くのアメリカ人がいたことは事実である。特に戦時中でも母国アメリカへ帰らず、同志社のキャンパスの中でがんばり通したデントンの功労を忘れることはできない。

それは単に、これら古都のもつ文化財の破壊を防ぐというだけではなく、ウォーナーとヘンダーソンの二人の日本文化、美術愛好者だけでもなかった。やむを得ず帰国したアメリカン・ボードの宣教師、シドニー・ギューリックなど同志社の教授たち、そして前述したデントンと親交のあった多くのアメリカ人は、日本にいるデントンへの親愛の情と、彼女の安全を祈る心を、切実にもっていたことは間違いない。

またデントンは同志社の発展に支援を怠らなかった徳富蘇峰と親しい。蘇峰は対米戦争回避のため、デントンの紹介でグルー駐日アメリカ大使と会見し、日独伊三国軍事同盟は対米戦回避の目的としたものであるとし、そのため日米関係は白紙に立ち帰って出直してはどうであろうか、と提案さえ行っている。このような蘇峰の努力や行動が、戦後一切無視されてきたのは理解できないことである。

そして興味深いのは一九四二年、蘇峰はデントンに開戦の詔書に関する書籍『宣戦の大詔』の英文版を送ったことである。デントンはそれを見て、開戦の詔書は米英に対して自衛のために立ち上がったもので、アメリカがイギリスの支配から立ち上がった独立宣言と相通ずるものがあると、日本人と同じ気持ちで評価し、蘇峰に礼状を書いている。そして一方で、アメリカ連邦議会で排日移民法が解除されるまで母国の土を踏まないと宣言した。日米開戦時、デントンは八四歳であった。「自分はラスト・ボード（最終船）ではなく、平和回復後のファースト・ボード（第一便）で帰ってアメリカの同胞に日本人がいかに誠意をもって私を遇したかを話してやりたい」とデントンは語っていた。開戦直前にデントンに対し、必死に帰国を促したジョセフ・C・グルー大使の説得も通じなかったのである。

しかし、帰国後のグルーによる親日活動、和平努力も見逃せないし、さらにいうならば戦前のデントンの米国の文化人との交流が結果的に京都・奈良を守ったと考えられる。

戦時中、デントンは同志社のキャンパスのなかで否応なしに敵国人として軟禁状態に置かれたが、友人、**星名ヒサ**が懸命に看護するとともに、牧野虎次夫妻らが定期的に訪問し、守り続けた。毎朝食後の感謝の祈りでは「君が代」を英語で唱えていたという。

さて、一九四五（昭和二〇）年八月一五日の天皇の玉音放送により太平洋戦争は終結し、デントンは解放された。戦争中身辺の世話をした星名ヒサの喜びようは大変なものであった。そして、デントン・ハウスから「敵性外国人」の貼紙がはがされ、デントンの顔が生気をとり戻した頃、まだ終戦間もない九月初めのこと、デントン・ハウスを訪ねて来たH・G・ヘンダーソン中佐らの米軍将校がいた。厚木飛行場に降りたマッカーサー元帥と、同じ頃日本の土を踏んだアメリカ軍将校たちが、日本人のなかで独りこの日を待っていたデントンに会いに来たのだ。白い肌は日焼けして赤銅色になっていた。半月前まで戦場で戦っていたのだろうか、体全体から硝煙の臭いさえしてくるような、まだ戦場で戦っているような様相でデントンの所へ駆けつけたのだった。占領軍として平和裡に上陸してきたアメリカ軍人たちのなかにデントンの名は知れわたっていて、まさに救出にきたという感じであった。将校たちは、上陸、即京都、同志社内のデントン・ハウスに直行し、見舞いに来たのである。そのときのデントンが、久しぶりに母国人に会い、カリフォリニア訛り丸出しの英語で、手放しで歓喜の心情を表現したのはいうまでもない。この事実からでもわかるように、デントンの京都在住は、京都を守るうえで大きな力となり、影響を与えたことが考えられる。

デントンの功績は最後の駐日大使、グルー大使との会見でもわかるように、一同志社だけのことではなく、広く人類の平和、日米親善のための民間外交官としての働きにあった。

日本人で最もアメリカを愛し、アメリカ文化に溶け込んだのが新島襄であったが、その新島襄を尊敬して来日し、日本を愛し続けたメリー・F・デントン、まさに二人の運命的な絆を感じる。二人の先人は、赤煉瓦の校舎の同志社という箱を残しただけでなく、現在に生きるピューリタン精神と自由、自主・自立と良心の大切さを私たちに残した。

星名ヒサ（一八七四〜一九五四）
愛媛県出身。同志社女学校普通科卒業、専門科文学科中退。星名謙一郎との結婚のためにハワイに渡り、後にテキサスに移住した。その後帰国し、松山女学校（現・東雲学園）の教員を経て、デントンに強く請われ同志社女学校教員・女専教授になる。「同志社女子部の母」デントンの最大の理解者であり、無私の協力者となり、第二次世界大戦中も含めて、三七年の長きにわたり、デントンを世話し、支え、守り続けた。

おわりに

歴史都市・京都は、一七カ所の世界遺産をはじめ、日本では随一の文化遺産の宝庫である。それは一二〇〇年の伝統と歴史が平安時代に始まり、鎌倉、室町、安土・桃山、江戸そして東京遷都による近代京都と各時代における変化の過程で、各時代に重なりながら伝統文化と西洋文化が混在しながら存在し、見たり、聞いたりして確認できる。そして明治期にいち早く近代化に乗り出した近代京都には、物質文化だけでなくキリスト教の精神文化が息吹き、その精神文化は市民に受け入れられ、近代教育に生かされた。

筆者は本書の取材活動を通じて、京都に西洋文化がいかに移植・構築され、定着し、守られてきたか、先人たちの輝かしい業績に触れ、歴史都市・京都の奥行きの深い伝統文化に、あらためて深い感動を覚えた。

筆者の学生時代の思い出に、京都御所の今出川御門から北へ真っ直ぐに伸びた、懐かしい一本の道がある。それは今出川御門と同志社大学正門、そして相国寺の山門とを結ぶわずか五〇〇メートルに満たない距離の道である。今出川御門の方から見た光景は今も、五〇年前もまったく同じである。

そこには、背後に控える古式ゆかしい御所と足利幕府に縁の深い禅宗寺院の相国寺を、近代のアカデミックな赤煉瓦の同志社大学が見事に接着剤となって融合している姿がある。その光景は古代と近代と中世が混在し、見事な調和を保っている。まるで古代の神道と中世の禅宗の間を、キリスト教が間に入って融合しているようで、何の不自然さもない。

この光景こそ、異質のものを受け入れ、見事に吸収し、新たな伝統を創り上げる京都の懐の深さといえないだろうか。私はこの場所に精神的安堵感とともに、破壊のない平和があることを実感する。

近代京都が西洋文化を積極的に受け入れ、伝統文化と融合させたことは、本書に登場した、先駆けとなった人たちの並々ならぬ叡智と苦労の賜物である。そこには時代を見据え、変わるものと変わらないものを明確に区別し、最善の手法を編み出した京都人の知恵と貪欲さが表現されている。一方でこれらの文化遺産を破壊から救い、守ってきた人たちに感謝の気持ちを忘れてはならない。

京都では先の戦争というと、一部には応仁の乱を指すというが、太平洋戦争の被害が東京など他の大都市に比べれば格段に少なかったことも、近代文化が温存できた要因かも知れない。ウォーナー伝説のところで述べたが、世界文化遺産を守ることは人類共通の願いである。そもそも文化遺産は、京都人だけでなく、日本国民、西欧の人たち共通の国境なき至宝なのである。

それに加え、琵琶湖疏水など明治期の巨額の公共的、政策的投資は京都民力を向上させたことも事実である。このことは、産業、文化、芸術を存続させるための公的資金支援と投資が今後も必要だということを意味している。京都御苑に建設された京都迎賓館における内部装飾には、京都の職人文化が生かされ、工芸技術が余すことなく使われた。

今日、京都は伝統産業とハイテク産業が同じ場に共存する稀有の都市である。文化とテクノロジーの融合は、近代京都に築かれた西洋文化に手本があったことは間違いない。東京や大阪など他の大都市では失われつつある近代遺産を、ハード、ソフト両面にわたり、守り続けることを願うばかりである。

最後に、この本をまとめるにあたり、同志社大学社史資料センター、同志社女子大学史料室、国立国会図書館、京都府総合資料館には写真、資料提供などを受け、お世話になった。また発刊にあたっては、大学教育出版の佐藤守社長、編集部の安田愛さんには適切な助言とお骨折りをいただいた。併せて感謝の意を表したい。

二〇一一年十月

志村　和次郎

《参考図書・文献》

・杉田博明『近代京都を生きた人々』京都書院（一九八七）
・青山霞村『山本覚馬傳』京都ライトハウス（一九八七）
・鈴木由紀子『闇はわれを阻まず』小学館（一九九八）
・村山裕三『京都型ビジネス』日本放送出版協会（二〇〇八）
・明田哲男『維新京都を救った豪腕知事』小学館（二〇〇四）
・京都民報社『近代京都のあゆみ』かもがわ出版（一九八八）
・重久篤太郎『明治文化と西洋人』思文閣出版（一九八七）
・京都慶應倶楽部『京都慶應義塾』京都慶應倶楽部（一九三二）
・水石会『田中源太郎翁伝』水石会（一九三四）
・志村和次郎『創造と変化に挑んだ六人の創業者』日刊工業新聞社（二〇〇五）
・大渓元千代『たばこ王村井吉兵衛』世界文庫（一九六四）
・河野仁昭『中村栄助と明治の京都』京都新聞社（一九九九）
・志村和次郎『新島襄と下村孝太郎』大学教育出版（二〇〇八）
・植田豊橘『ドクトル・ゴットフリード・ワグネル伝』博覧会出版協会（一九二五）
・永原慶二『日本技術の社会史 別巻二』日本評論社（一九八六）
・愛知県陶磁資料館『近代窯業の父・ワグネルと万国博覧会』愛知県陶磁資料館（二〇〇四）
・柳生望『アメリカ・ピューリタン研究』日本基督教団出版局（一九八一）
・同志社大学人文科学研究所『アメリカン・ボード宣教師』教文館（二〇〇四）

・竹中正夫『近代日本の青年群像・熊本バンド物語』日本ＹＭＣＡ（一九八〇）
・本井康博『新島襄と徳富蘇峰』晃洋書房（二〇〇二）
・森中章光『新島先生と徳富蘇峰』同志社（一九六三）
・住谷悦治『ラーネッド博士伝』未来社（一九七三）
・村瀬仁市『琵琶湖疏水に青春を賭けた田辺朔郎の生涯』人と文化社（一九八七）
・徳富蘇峰『蘇峰自伝』中央公論社（一九三五）
・徳富猪一郎『我が交遊録』中央公論社（一九三八）
・田村喜子『京都フランス物語』新潮社（一九八四）
・千葉県立美術館『浅井忠と京都洋画壇の人々』千葉県立美術館（一九八一）
・岡田清治『リヨンで見た虹・稲畑勝太郎評伝』日刊工業新聞社（一九九七）
・月刊京都『近代建築を歩く旅』白川書院（二〇〇六）
・奥村直彦『ヴォーリズ評伝』新宿書房（二〇〇五）
・沖野岩三郎『吉田悦蔵伝』近江兄弟社（一九四四）
・山形政昭『ヴォーリズの西洋館』淡交社（一九七〇）
・中村貢『デントン先生』同志社女子大学（一九七五）
・小野恵美子『日米の懸け橋』大阪書籍（一九八八）
・同志社女子大学通信「Vine」8,9,10,12,21,35の各号
・宇宿捷『師弟愛で護った古代文化』宇宿歴史研究所（一九七一）
・井ケ田良治・原田久美子『京都府の百年』山川出版社（一九九三）

・奈良ロータリークラブ『太平洋戦争中に於ける日本文化財の救済とウォーナー博士』（一九六二）
・吉田守男『京都に原爆を投下せよ』角川書店（一九九五）
・西尾幹二『新・地球日本史』扶桑社（二〇〇五）

《写真提供》

同志社大学社史資料センター
同志社女子大学史料室
国会図書館
茨城大学五浦美術文化研究所
京都府総合資料館
西川正治郎編『浜岡光哲翁七十七年史』浜岡翁表彰会（一九二九）
山崎房蔵編『田中源太郎翁伝』水石会（一九三四）
植田豊橘編纂『ワグネル伝』博覧会出版協会（一九二五）
高梨光司編著『稲畑勝太郎君伝』稲畑勝太郎翁喜寿記念伝記刊行会（一九四〇）
田中緑紅編著『明治文化と明石博高翁』明石博高翁顕彰会（一九四二）

■著者略歴

志村　和次郎（しむら　かずじろう）

ノンフィクション作家。

群馬県に生まれる。同志社大学法学部卒業。大手自動車メーカーの管理職、子会社役員を歴任。経営コンサルタント（中小企業診断士）として独立。中小企業大学校の講師などを経て、IT 企業、ベンチャー企業の社長、役員、起業支援団体・ニュービジネスブレイン機構の代表理事などを歴任した。「明治史の研究」で文筆活動に入る。明治の事業家研究では定評がある。趣味は歴史散策、美術館・博物館巡り。日本ベンチャー学会正会員。

著書は『最新事業戦略と事業計画の立て方がよくわかる本』（秀和システム）『マーケティング数字の読み方と活用術』（同友館）『ヤマハの企業文化とＣＳＲ』（産経新聞出版）『創造と変化に挑んだ６人の創業者』（日刊工業新聞社）『新島襄と下村孝太郎』『徳富蘇峰が観た三人の校祖』（大学教育出版）『富豪への道と美術コレクション』（ゆまに書房）など。

西洋文化の鼓動と近代京都
― 蘇った古都の開化伝 ―

2011 年 11 月 20 日　初版第 1 刷発行

■著　　者――志村和次郎
■発 行 者――佐藤　守
■発 行 所――株式会社大学教育出版
〒700-0953　岡山市南区西市855-4
電話(086)244-1268㈹　FAX(086)246-0294
■印刷製本――モリモト印刷㈱

ISBN978－4－86429－099－9